완전한 간장 조리법 요리책

간장으로 모든 요리를 마스터하기 위한
100 가지 맛있는 요리법

Hân Thư

판권 소유.

부인 성명

이 eBook 에 포함된 정보는 이 eBook 의 저자가 연구한 전략의 포괄적인 모음으로 사용됩니다. 요약, 전략, 팁 및 요령은 저자가 추천한 것일 뿐이며 이 eBook 을 읽는다고 해서 결과가 저자의 결과를 정확히 반영한다는 보장은 없습니다. eBook 의 저자는 eBook 독자에게 최신의 정확한 정보를 제공하기 위해 모든 합리적인 노력을 기울였습니다. 저자와 그 동료는 발견될 수 있는 의도하지 않은 오류나 누락에 대해 책임을 지지 않습니다. eBook 의 자료에는 제 3 자의 정보가 포함될 수 있습니다. 제 3 자 자료는 해당 소유자가 표현한 의견으로 구성됩니다. 따라서 eBook 의 저자는 제 3 자의 자료나 의견에 대해 책임을 지지 않습니다.

eBook 은 저작권 © 2022 이며 모든 권리는 보유합니다. 이 eBook 의 전체 또는 일부를 재배포, 복사 또는 파생물을 만드는 것은 불법입니다. 이 보고서의 어떤 부분도 저자의 명시적이고 서명된 서면 동의 없이는 어떤 형태로든 복제되거나 재전송될 수 없습니다.

목차

목차 3
소개 8
   콩이란 무엇입니까? 8
   콩 제품 9
간장 요리 12
   1. 간장 덩어리를 넣은 카레 13
   2. 돼지고기 간장 간장 16
   3. 닭 가슴살과 간장 20
   4. 간장을 곁들인 팍초이 23
   5. 소야꿀을 곁들인 지글지글 치킨 25
   6. 간장 오리 28
콩 요리 31
   7. 콩 볶음 32
   8. 간장 버섯 35
   9. 연어 된장 38
   10. 검은콩 간장 메기 40
   11. 콩국수 43
   12. 간장 콩 45
   13. 간장 드레싱을 곁들인 녹두 47
   14. 콩 패티 50
   15. 태국식 콩 튀김 54
두유 조리법 57
   16. 카라멜라이즈드 오렌지를 곁들인 아이스크림 58
   17. 라임이 들어간 두유 61
   18. 크림 바나나 롤 63

19. 간장 요구르트 66
20. 두유 바나나 쉐이크 69

간장 조리법 71

21. 간장 차파티 72
22. 소이 아프리카 도넛 74
23. 소이 도넛 77
24. 소이 스콘 80
25. 바나나 간장 케이크 82
26. 간장 케밥 85
27. 당밀 밀빵 88

간장 오카라 요리 91

28. 오카라떡 92
29. 아몬드 쿠키 94
30. 오카라 "치킨" 스트립 96
31. 오렌지 두유 스무디 98
32. 검은콩 버거 100

간장 드레싱 및 소스 103

33. 볼로네제 간장 소스 104
34. 된장찌개 107
35. 올리브 & 레몬을 곁들인 콩 딥 110
36. 간장 후무스 113
37. 간장 & 참깨 드레싱 115

소이 키즈 취급 118

38. 쫄깃한 쿠키 119
39. 오트밀 쿠키 122
40. 과일 타르트 125
41. 초콜릿 커스터드 127
42. 버섯 수프 129
43. 후앗 쿠에 132

44. 떡 134
45. 허니 크랜베리 스콘 137
46. 수플레 140
47. 망고 젤리 143
48. 과일 쉐이크 145
49. 아이스캔디 147
50. 라즈베리 간장 아이스크림 150

두부 요리 153

51. 굴 소스를 곁들인 두부 154
52. 두부 튀김 157
53. 시금치를 곁들인 두부 발효 159
54. 두부 조림 161
55. 땅콩 참깨 소스 중국 국수 164
56. 만다린 국수 167
57. 두부와 된장국 170
58. 새우로 속을 채운 두부 173
59. 사천 야채를 곁들인 두부 176
60. 세 가지 야채와 함께 찐 두부 178
61. 돼지고기 두부 삼각형 181
62. 시럽을 곁들인 크랜베리 팬케이크 184
63. 간장 두부 187
64. 케이준식 두부 189
65. 지글지글 케이퍼 소스를 곁들인 두부 192
66. 황금 육수를 곁들인 두부 튀김 195
67. 오렌지 글레이즈드 두부와 아스파라거스 198
68. 두부 피자올라 201
69. "카꾜" 두부 204
70. 시칠리아식 두부 207

71. 타이푼 볶음..210
72. 치폴레가 그린 구운 두부..213
73. 타마린드 유약을 곁들인 구운 두부...................................215
74. 물냉이를 채운 두부..218
75. 피스타치오 석류를 곁들인 두부.......................................221
76. 스파이스 아일랜드 두부..224
77. 감귤 호이신 소스를 곁들인 생강 두부.............................227
78. 레몬 그라스와 완두콩을 곁들인 두부..............................230
79. 타히니 소스를 곁들인 두부 두부.....................................233
80. 두부와 완두콩 스튜...236
81. 소이탄드림커틀릿..239
82. 두부 고기 덩어리...241
83. 베리 바닐라 프렌치 토스트...244
84. 참깨 아침 스프레드..247
85. 오로라 소스를 곁들인 라디에이터...................................249
86. 클래식 두부 라자냐...252
87. 적근과 시금치 라자냐..255
88. 구운 야채 라자냐...258
89. 라디치오를 곁들인 라자냐...261
90. 라자냐 프리마베라..264
91. 검은콩과 호박 라자냐..268
92. 근대 박제 마니코티...271
93. 시금치 마니코티..274
94. 라자냐 바람개비..277
95. 완두콩을 곁들인 호박 라비올리.......................................280
96. 아티초크 호두 라비올리..284
97. 오렌지 소스를 곁들인 토르텔리니...................................288
98. 두부를 곁들인 야채 로멘..291

99. 팟타이 294
100. 두부를 곁들인 드렁큰 스파게티 297

결론 300

소개

콩이란 무엇입니까?

대두(글리신 맥스)는 아프리카에서 비교적 새로운 작물입니다. 최근 몇 년 동안 콩과 식물을 "열대화"하는 연구의 발전으로 인해 생산량이 크게 증가했습니다.

대부분의 식료품점에서는 두유, 모조 고기, 유아용 조제분유를 비롯한 다양한 콩 제품을 취급합니다. 대부분의 식물과 달리 콩은 모든 필수 아미노산을 포함하는 완전한 단백질입니다. 이를 통해 콩은 완전한 단백질의 일반적인 식이 공급원인 동물성 제품을 대체할 수 있으며 식물성 식단에 콩을 환영할 만한 추가물로 만듭니다.

콩제품

A. 두유

콩을 갈아서 담고 걸러내면 두유라고 하는 부드러운 맛의 액체가 생성됩니다. 두유는 일반적으로 유제품 우유를 대체하기에 적합합니다. 바닐라와 초콜릿 두유는 일반적으로 무균 용기에 포장되어 있는 무향 두유와 함께 판매되는 경우가 많습니다. 두유 1 컵에는 평균 104 칼로리, 단백질 6g, 지방 3.5g 이 들어 있습니다. 강화 두유는 칼슘, 철분, 비타민 B-12 및 비타민 D 의 좋은 공급원입니다.

B. 두부

두부 또는 두부는 응고제로 콩을 응고시켜 만듭니다. 최소한의 맛을 내는 두부는 조미료와 조미료를 쉽게 흡수할 수 있습니다. 단단한 두부는 밀도가 높아 볶음이나 수프에 유용합니다. 부드러운 두부는 더 부드럽고 스무디의 요구르트 대신 작동합니다. 단단한 두부 1/2 컵에는 88 칼로리, 10 그램 이상의 단백질 및 5 그램의 지방이 있습니다. 두부를 사용한 크림 같은 디저트는 식료품점에서 흔히 볼 수 있으며 다양한 경도를 가진 일반 두부 블록도 있습니다. 대부분의 아시아 시장에는 더 부드러운 질감과 맛을 지닌 신선한 두부가 있습니다.

C. 간장

간장은 사용 가능한 가장 일반적인 간장 제품 중 하나입니다. 콩을 발효시켜 만든 짠맛이 나는 암갈색 액체입니다. Shoyu 와 tamari 는 간장의 일반적인 종류이며 일반적으로 다양한 수준의

어둠에서 사용할 수 있습니다. 타마리 1 작은술에는 4 칼로리와 335 밀리그램의 나트륨이 있습니다. 야채, 고기, 두부 요리에는 종종 간장이 필요하지만 일부 쿠키 요리법에도 간장이 사용됩니다.

D. 콩기름

United Soybean Board 에 따르면 대부분의 마가린, 쇼트닝 및 샐러드 드레싱에는 대두유가 포함되어 있습니다. 또한 식료품점에서 흔히 볼 수 있는 "식물성 기름"은 대부분 순수한 콩기름입니다. 미국 심장 협회(American Heart Association)는 대두유를 건강과 장수를 유지하기 위한 안전한 지방으로 지정합니다. 대두유 1 작은술에는 40 칼로리, 4.5g 의 지방 및 1g 미만의 포화 지방이 있습니다. 대두유는 대부분 맛이 없기 때문에 대부분의 요리에서 방해가 되지 않는 재료입니다.

E. 기타 콩 제품

대두는 전 세계에서 발견되는 수많은 제품을 만드는 데 사용되는 믿을 수 없을 정도로 다재다능한 재료입니다. 몇 가지 예에는 휘핑된 콩 토핑, 콩 치즈, 콩 요구르트, 콩 너트 버터, 콩 가루, 콩 아이스크림, 콩 고기 대체품 및 콩 견과류가 있습니다. 콩으로 만든 얇은 시트인 유바는 랩과 수프를 만드는 데 유용합니다. 템페는 압축 발효된 콩 블록입니다. 된장은 수프에 사용되는 발효된 콩 혼합물입니다. 낫또는 끈적하고 발효된 콩 요리입니다.

간장 요리

1. 간장덩어리카레

재료:

- 준비된 콩 덩어리 1 컵
- 설탕 1 컵 / 볼로티 콩
- 겨자씨 2 작은술
- 강황 1 작은술
- 고춧가루 2 작은술
- 다진 고수풀 2 작은술
- 커민 씨앗 2 작은술
- 약간의 카레 잎
- 카 다몬 꼬투리 몇 개
- 2 큰 당근, 강판
- 2 큰 감자, 덩어리로 자른다
- 잘게 썬 큰 토마토 2 개
- 물 (12 컵
- 흑설탕 1 큰술

지도:

a) 콩 준비 – 콩을 밤새 불려 부드러워질 때까지 요리합니다.

b) 냄비에 기름을 두르고 겨자씨, 강황, 고수, 커민, 카레 잎을 넣습니다. 씨가 터질 때까지 부드럽게 볶습니다.

c) 고춧가루를 넣고 섞는다. 당근을 넣고 부드럽게 끓입니다. 콩 덩어리와 감자를 넣으십시오.

d) 적당한 육즙이 나오도록 물을 충분히 넣어줍니다. 감자가 거의 부드러워질 때까지 요리하십시오.

e) 필요한 경우 콩, 토마토 및 더 많은 물을 추가하십시오. 설탕을 넣으십시오. 감자가 부드러워질 때까지 요리하고 봉사하십시오.

2. 간장에 돼지고기

생산량: 4 인분

재료:

- 돼지고기 등심 ½kg(1 1/4lb) 또는 돼지고기 다리
- 맑은 간장 1 큰술
- 2 큰술 일반 밀가루
- 가루 생강 ½ 작은술
- 단추 버섯 20g(4oz)
- 4 정향 마늘
- 약 2cm(1") 가로, 1/2cm(1/4") 두께의 뿌리 생강 1 조각
- 진한 간장 3 큰술
- 후추 또는 고춧가루 약간
- 끓인 물 2 큰술
- 미디엄 드라이 셰리주 또는 청주 2 큰술(선택사항)
- 레몬 주스 2 작은술
- 기름 또는 돼지 지방 6 큰술

지도:

a) 이름에서 알 수 있듯 돼지고기를 간장에 찍어먹는 요리입니다. 소스에 볶은 생강과 마늘은 고소하고 맛있는 냄새가 나기 때문에 식탁에 언제 나올지 항상 아는 남편과 아이들이 특히 좋아합니다.

b) 돼지고기를 작은 입방체로 자릅니다. 볼에 밀가루를 담고 맑은 간장과 생강가루를 넣고 잘 섞는다. 돼지고기에 혼합물을 바르고 **30분 이상** 둡니다.

c) 버섯을 청소하고 슬라이스하십시오. 마늘과 생강을 껍질을 벗기고 아주 얇게 썬다. 이 얇은 조각을 그대로 사용하거나 다시 아주 작은 막대기로 자를 수 있습니다.

d) 웍이나 두꺼운 프라이팬에 기름이나 지방을 두르고 고기를 반씩씩 **5분씩** 뒤집어가며 볶는다.

e) 고기의 나머지 절반에 대해 이 과정을 반복합니다. 고기를 코팅한 밀가루는 팬에 남아 있거나 바닥에 달라붙는 경향이 있지만 그대로 두면 나중에 소스가 걸쭉해집니다.

f) 이제 팬에서 대부분의 기름을 제거하고 약 두 스푼만 남겨두고 다시 가열합니다. 여기에 마늘과 생강, 버섯의 작은 조각을 계속 저으면서 **1분간** 볶습니다.

g) 간장, 물, 고기를 넣습니다. 잘 섞고 후추나 고춧가루로 간을 하고 **1~2분간** 계속 저어줍니다. 서빙 직전에 셰리주 또는 청주와 레몬 주스를 첨가하십시오. 뜨거운 봉사.

h) 이 요리는 냉동실에 아주 잘 보관되며, 돼지 안심을 사는 것보다 훨씬 저렴한 돼지고기 반마리로 대량으로 만들 가치가 있습니다.

6. 간장오리

b) 두 컵 사이에 면을 고르게 넣어주세요. 눌러 뜨거운 기름에 담그십시오. 국수가 황금빛 갈색이 될 때까지 볶습니다.

c) 기름을 제거하고 컵에서 국수를 가볍게 두드립니다. 컵 모양의 둥지를 옆에 두십시오.

d) 팬이나 웍에 기름을 데우십시오. 대파, 양배추, 고추, 당근을 넣습니다. 잘 볶습니다. 손질한 닭고기를 넣고 완성될 때까지 볶습니다. 간장, 꿀, 소금, 다진 청양고추로 간을 합니다.

e) 튀긴 면을 둥지에 넣고 볶은 닭고기와 볶은 아기옥수수, 대파와 함께 센 불에 올려주세요. 뜨거운 봉사.

생산량: 4 인분

재료:

- 중국 국수 200 그램
- ½ 컵 오일 (120ml)
- ¼ 컵 다진 파 (50 그램)
- ¼ 컵 잘게 썬 양배추 (50 그램)
- ¼ 컵 잘게 썬 고추 (50 그램)
- ¼ 컵 다진 당근 (50 그램)
- 뼈 없는 닭고기 1½컵, 삶고 갈기리 찢긴
- 간장 10 밀리리터
- 꿀 25 밀리리터
- 맛에 소금
- 4 녹색 고추, 잘게 잘린
- 국수 200g, 볶은 것

지도:

a) 둥지를 준비하려면: 국수를 삶아 물기를 뺍니다. 구멍이 뚫린 컵(그릇) 두 개를 가져오세요.

5. 소꿀 졸임 저닭 찜

생산량: 1 인분

재료:

- 1 파운드 Green pak choi
- 오일 1 테이블스푼
- 간장 1 큰술
- 다진마늘 2 쪽

지도:

a) 떡볶이는 깨끗이 씻어 물기를 뺀다. 기름을 두르고 마늘을 넣고 팍초이를 넣습니다.

b) Pak choi 의 색이 변할 때까지 계속 저어줍니다.

c) 기호에 따라 간장을 추가합니다. 뜨거운 봉사.

4. 간장소를곁들인 Pak choi

d) 닭 가슴살은 물기를 빼고 필요에 따라 뒤집어서 타지 않도록 하고 약 25분 동안 고르게 익도록 합니다. 고기를 촉촉하게 유지하기 위해 필요한 만큼 소스를 바르십시오.

e) 남은 소스를 데우고 뜨거운 구운 닭고기와 함께 제공하십시오.
4 인분

생산량: **4** 인분

재료:

- 2 닭 가슴살
- 다진 파 ¼ 컵
- 2 정향 마늘, 압착
- 액체 꿀 1 큰술
- 드라이 셰리 2 큰술
- 강판에 간 신선한 생강 뿌리 2 작은술
- 간장 ½ 컵

지도:

a) 피부 치킨 조각. 그릇을 사용하여 파, 마늘, 꿀, 셰리, 생강, 간장을 섞습니다.

b) 닭 가슴살을 소스에 담갔다가 비닐 봉지에 넣고 남은 소스를 붓는다. 봉지를 단단히 밀봉하고 실온에서 **30~60** 분 둡니다.

c) 바베큐를 준비하고 뜨거운 석탄 위로 **10cm(4** 인치**)** 위에 그릴을 놓습니다.

3. 간장유를 곁들인 닭가슴살

i) 냉동실에서 꺼내려면 고기를 완전히 해동하고 센 불에서 2~3 분간 빠르게 가열하면서 팬을 항상 잘 저어주거나 흔듭니다.

j) 서빙 직전에 셰리주 또는 청주와 레몬 주스를 첨가하십시오.

생산량: 1 인분

재료:

- 큰 오리 1 마리
- 간장 1½ 큰술
- 닭 육수 4 컵
- 설탕 1 작은술
- 2 파
- 간 생강 1 작은술
- 요리용 레드 와인 ½ 컵 또는
- 레드 와인 식초

지도:

a) 오리는 뜨거운 물에 씻고 말리고 알코올을 적신 후 살짝 태워 신맛을 없앤다.

b) 닭고기 육수에 오리고기를 넣고 와인(또는 식초)을 제외한 다른 재료를 뚜껑을 덮은 냄비에 요리합니다.

c) 오리가 부드러워지면 약 1 시간 동안 요리한 후 냄비 뚜껑을 열고 와인(또는 식초)을 넣습니다. 10 분 더 끓입니다.

d) 물기를 제거하고 익힌 야채와 함께 제공합니다. 전체 또는 조각으로 제공될 수 있습니다.

콩 요리

7. 콩볶음

생산량: 4 인분

재료:

- 참기름 1 작은술
- 1 당근 얇게 썰린
- 1½ 컵 설탕 스냅 완두콩
- ½ 붉은 고추, 얇은 스트립으로 자른다
- 1 컵 아기 옥수수 속대
- 통조림 콩 300g; 배수 및 헹굼
- 꿀 2 큰술
- 라임 주스 1 큰술
- 참깨 2 작은술
- 스위트 칠리 소스 1 작은술
- 1 작은술 다진 신선한 생강

지도:

a) 웍이나 프라이팬에 참기름을 두르고 당근, 당면, 홍고추, 옥수수를 넣고 2~3 분간 볶는다.

b) 콩을 넣고 남은 재료를 합친다.

8. 간장버섯

생산량: 1 인분

재료:

- 소야 너겟 50 그램
- 버섯 100g
- 파니르 100 그램
- 시금치 퓌레 2 묶음
- 다진 고수풀 1 묶음
- 양파 페이스트 250g
- 2 녹색 고추
- 다진 토마토 250g
- 생강 페이스트 10 그램
- 마늘 페이스트 20g
- 잘게 부순 사운프 20g
- 요구르트 50g
- 버터 30g
- 고수 가루 1 작은술

- 제라 가루 2 작은술

- 칠리 파우더 1 작은술

- 맛에 소금

- ¼ 작은술 가람 마살라 - 취향에 따라

지도:

a) 삶은 시금치, 풋고추, 고수를 함께 퓨레로 만들어 준비합니다. 기름을 데우고 차가운 생강/마늘 페이스트, 삶은 양파 페이스트(믹서에 삶은 양파-퓨레)를 넣고 끓입니다.

b) 향신료, 조미료, 토마토를 넣고 기름이 혼합물을 남길 때까지 요리하십시오. 시금치 혼합물을 추가하고 요리를 계속하십시오.

c) 마지막으로 소야 너겟을 넣고 그레이비에 추가합니다. 입방체 파니르와 버섯 조각을 넣으십시오.

d) 크림이나 양파 링으로 장식하여 뜨겁게 제공하십시오.

9. 된장연어

생산량: 1 인분

재료:

- 2 파운드 신선한 연어 스테이크 또는 필레
- 가벼운 된장 $\frac{1}{2}$ 컵
- 설탕 1 큰술
- 1 핀치 메시지(선택 사항)
- 3 파, 다진 것
- 간장 1 큰술
- 참기름 1 작은술
- 사케 $\frac{1}{4}$ 컵

지도:

a) 마리네이드하기에 충분한 크기의 그릇에 스테이크를 놓습니다. 다른 그릇에 나머지 재료를 섞습니다.

b) 이 혼합물에 스테이크를 실온에서 약 2 시간 동안 또는 냉장고에서 밤새 재워둡니다.

c) 자신의 취향에 맞을 때까지 굽거나 굽습니다.

10. 검룽간장메기

생산량: 1 인분

재료:

- 2 전체 메기: 청소, 내장
- 24 얇게 썬 신선한 생강 (약 2 온스)
- 쌀가루 ¾ 컵
- 1½ 컵 땅콩 기름
- 검은콩 간장
- 1 큰 토마토: 씨를 뿌리고 깍둑썰기한
- 다진 파 ¼ 컵
- 2 라임: 쐐기로 자르다

지도:

a) 오븐을 350F 로 예열하십시오. 칼을 사용하여 각 물고기의 한 면에 6 개의 사선 슬롯을 만들고 간격을 균등하게 두고 뼈까지 자릅니다. 각 슬롯에 생강 슬라이스 1 개를 넣습니다. 생선을 뒤집습니다.

b) 각 물고기의 두 번째 면에 6 개의 대각선 슬롯을 만드십시오. 남은 생강을 넣어주세요. 메기의 모든 면에 쌀가루를 충분히 뿌린다.

c) 온도계가 375F 를 기록할 때까지 중불에서 중불로 달군 대형 프라이팬에 땅콩 기름 1½ 컵을 가열합니다. 메기 1 마리를 프라이팬에 부드럽게 밀어 넣고 한 면당 약 5 분씩 황금빛이 되고 거의 익을 때까지 볶습니다.

d) 테두리가 있는 베이킹 시트로 옮깁니다. 두 번째 메기로 튀김을 반복하십시오.

e) 메기는 완전히 익고 가운데가 불투명해질 때까지 약 10 분 동안 오븐에서 굽습니다. 플래터에 옮깁니다. 검은콩 간장을 붓는다. 토마토, 파, 라임 조각으로 플래터를 장식합니다. 즉시 봉사하십시오.

11. 콩쉎

생산량: 1 인분

재료:

- ½ 파운드 말린 콩
- 작은 양파 1 개, 슬라이스
- 1 쿼트 물
- 토마토 주스 1 캔 (24 온스)
- 설탕 1 큰술
- 소금 1½ 작은술 또는 맛보기
- 당근

지도:

a) 콩은 깨끗이 씻어 물에 담가 하룻밤 불려주세요.

b) 콩을 배수하고 음식 다지기를 통해 실행하십시오. 양파와 1 쿼트의 물과 함께 소스 팬에 넣고 뚜껑을 덮고 콩이 부드러워질 때까지 1½ 에서 2 시간 동안 부드럽게 끓입니다.

c) 나머지 재료를 넣고 서빙하기 전에 다시 데우십시오. 강판 당근 부스러기가 매력적인 장식을 만듭니다. 5 인분.

12. 간장콩

생산량: 1 인분

재료:

- 콩 1 파운드
- 간장 8 큰술
- 설탕 2 큰술
- 물 5 컵

지도:

a) 콩은 미지근한 물에 하룻밤 불린 후 물기를 뺀다. 그런 다음 소스, 설탕, (찬) 물 5 컵을 넣고 센 불에서 콩을 끓입니다.

b) 끓어오르면 약불로 줄여 3 시간 동안 끓이다가 모든 액체가 흡수될 때까지 30 분마다 조금씩 뒤집는다. 3 시간이 지나기 전에 마르면 뜨거운 물 반 컵을 추가합니다.

c) 콩을 베이킹 트레이에 옮기고 250 도 F 의 약한 불에서 30 분마다 뒤집어서 굽습니다.

d) 곧 먹을 계획이라면 1 시간 정도 굽는다. 밀폐된 병에 더 오래 보관하려면 1 시간 30 분.

13. 간장 모메슬결믹 녹두

생산량: 1 인분

재료:

- 1½ 파운드 녹두, 끝부분에 손질된
- 간장 3 큰술
- 설탕 1 작은술
- 참기름 1 큰술
- 땅콩 또는 기타 식물성 기름 3 큰술
- 6 정향 마늘, 껍질을 벗기고 다진 것
- 1 말린 핫 레드 칠리, 부서진
- 소금

지도:

a) 큰 냄비에 물을 부어 끓입니다. 콩을 넣고 4~5 분 동안 또는 바삭하게 부드러울 때까지 빠르게 요리합니다.

b) 물기를 제거하고 곧 제공하지 않을 경우 찬물로 헹굽니다. 소쿠리에 물기를 빼주세요.

c) 간장, 설탕, 참기름을 함께 섞는다. 따로.

d) 웍이나 큰 무쇠 프라이팬을 올려 중불에서 가열합니다.

e) 뜨거울 때 땅콩 기름을 넣으십시오. 몇 초 안에 가열되어야 합니다. 이제 마늘을 넣습니다. 한두 번 저어줍니다. 붉은 고추를 넣습니다. 한 번 저어 물기를 뺀 녹두를 넣어주세요. 약간 그을릴 때까지 저어줍니다.

f) 간장 혼합물을 붓습니다. 소스가 대부분 흡수될 때까지 계속 저어가며 볶습니다.

g) 섞어서 서빙하기 위해 저어줍니다.

14. 콩 파티

생산량: 2 인분

재료:

- 삶은 콩 ½ 컵
- ⅓ 양파
- ⅓ 큰 스푼 토마토 페이스트
- 칠리 소스 ⅔ 작은술
- 다진 파슬리 ⅔ 큰 술
- 통밀 빵가루 ½ 컵
- ⅓ 계란
- 1/16 컵 우유
- ⅓ 컵 마른 빵가루
- 참깨 1 큰술
- ½ 컵 일반 통밀가루
- 기름
- ⅔ 다진 마늘
- 타히니 3/16 컵

- 1/16 컵 물

- 레몬 주스 3/16 컵

지도:

a) 감자 으깨는 기계를 사용하여 콩을 으깨십시오.

b) 양파, 토마토 페이스트, 칠리 소스, 파슬리, 신선한 통밀 빵가루를 추가합니다.

c) 잘 섞이도록 섞어주세요.

d) 혼합물을 4 개의 균등한 비율로 나눕니다.

e) 동그랗게 빚은 후 손가락으로 납작하게 펴 패티 모양을 만든다.

f) 한 그릇에 계란과 우유를 넣고 다른 그릇에 빵가루와 참깨를 섞습니다.

g) 패티를 밀가루에 굴린 다음 계란과 우유 혼합물에 각각 담그고 마른 빵가루와 참깨 혼합물로 코팅하십시오.

h) 넓고 얕은 팬에 기름을 데우십시오. 패티가 양면이 황금빛 갈색이 될 때까지 중간 불에서 요리합니다.

i) 흡수성 종이에 물기를 빼십시오.

j) 따로 보관하고 따뜻하게 유지하십시오.

k) 소스를 준비하려면 작은 그릇에 모든 재료를 결합하십시오.

1) 뜨거운 패티를 타히니 소스와 함께 제공하십시오.

15. 타코 콩튀김

생산량: 6 인분

재료:

- 5 큰 태국 말린 고추
- 다진 고수 뿌리 $\frac{1}{2}$ 작은술
- 다진 갈랑갈 1 작은술
- 카피르 라임 껍질 또는 라임 제스트 1 작은술
- 다진마늘 2 큰술
- 2 큰술 다진 붉은 양파
- 태국식 새우 페이스트 1 큰술
- 2 중간 크기의 다진 고추
- 소금 2 작은술
- $1\frac{3}{4}$ 컵 삶아서 퓌레로 만든 콩
- 계란 2 개
- 쌀가루 1 큰술
- 피쉬 소스 3 큰술
- 1 작은술 잘게 썬 카피르 라임 l

- 실란트로 잎 2 작은술
- 튀김용 기름 ½ 컵
- 설탕 4 큰술
- 식초 4 큰술

지도:

a) 퓨레 칠리, 고수 뿌리, 갈랑가, 라임 껍질, 마늘, 양파, 새우 페이스트.

b) 콩가루와 쌀가루를 넣고 잘 섞어주세요.

c) 콩 혼합물을 볼에 옮기고 계란, 카피르 라임 잎, 고수 잎, 액젓을 넣고 잘 섞일 때까지 나무 주걱으로 세게 저어줍니다.

d) 중간 열에 큰 평평한 바닥 프라이팬에 기름을 가열합니다.

e) 한편, 손을 물에 담그고 콩 혼합물을 각각 직경이 약 1-½ 인치인 패티로 만듭니다. 잘 익고 황금빛 갈색이 될 때까지 볶습니다. 종이 타월에 기름을 배출하십시오.

f) 디핑 소스와 함께 뜨겁게 제공하십시오.

g) **디핑 소스:** 작은 냄비에 소금, 설탕, 식초를 넣고 약한 불에서 소금과 설탕이 녹을 때까지 가열합니다. 조금 식히고 고추를 넣고 잘 섞이도록 저어줍니다.

두유 조리법

16. 카망베르 오랑자 블랜 아이스크림

재료:

- 순두부 1 컵
- 두유 1 컵
- 1/2 컵 순수 메이플 시럽
- 생강 간 2 작은술
- 1/4 컵 다진 결정화 또는 설탕에 절인 생강
- 순수한 바닐라 추출물 1 작은술
- 잘게 간 제스트와 1 개의 큰 오렌지 주스
- 카라멜라이즈드 오렌지를 위해
- 큰 오렌지 2 개
- 설탕 1/2 컵
- 물 4 큰술

지도:

a) 모든 아이스크림 재료를 부드럽게 섞어 부드러운 혼합물로 만듭니다. 아이스크림 메이커에 숟가락으로 떠서 제조사의 지시에 따라 휘젓거나, 냉동실 용기에 옮겨 담는다. 손 혼합 지침

b) 거의 굳으면 서빙하기 전에 냉동실 용기에 **15~20** 분 동안 얼립니다. 아이스크림은 최대 **1** 개월 동안 얼 수 있으며 서빙하기 전에 **10~15** 분 동안 부드러워질 수 있습니다.

c) 큰 오렌지 **2** 개에서 제스트 조각을 제거하고 따로 보관한 다음 남은 껍질과 흰색 속을 제거하고 버립니다. 오렌지를 조각으로 자르고 따로 보관하십시오. 제스트를 가는 조각으로 자르고 설탕과 물과 함께 작은 스튜 냄비에 넣으십시오.

d) 설탕이 녹을 때까지 가열한 다음 혼합물이 황금 시럽을 형성할 때까지 끓입니다. 즉시 불을 끄고 얇게 썬 오렌지를 넣으십시오. 열로 돌아가서 조각이 잘 부드러워질 때까지 약 5분 동안 부드럽게 요리하고 식힙니다.

e) 두부 아이스크림에 카라멜라이즈드 오렌지 조각을 얹고 시럽을 조금 뿌립니다.

4 인분

17. 라임파쇼이에쓰

재료:

- 차가운 두유 2 컵
- 잘게 간 제스트와 3 개의 라임 주스
- 꿀 4 큰술 또는 기호에 따라
- 말린 코코넛, 구운 것, 장식용

지도:

a) 모든 재료를 푸드 프로세서에 넣고 잘 섞일 때까지 섞습니다.
b) 아이스크림 메이커에 넣고 제조사의 지시에 따라 가공하거나 냉동 용기에 넣어 냉동손으로 섞는 방법거의 굳을 때까지.
c) 냉동실 용기에 옮겨 서빙할 수 있을 정도로 단단해질 때까지 얼거나 최대 3 개월 동안 뚜껑을 덮고 얼립니다.
d) 구운 코코넛을 얹은 서빙.

3 컵을 만든다

18. 크림바나롤

재료:

- 잘 익은 바나나 6 개
- 두유 2 컵
- 퓨어 메이플 시럽 6 큰술
- 순수한 바닐라 추출물 2 작은술
- 볶은 참깨 3 큰술
- 무가당 코코아 가루 2~3 큰술, 체질
- 장식용 초콜릿 조각 또는 컬
- 1/2 컵초콜릿 소스

지도:

a) 바나나 껍질을 약 2 시간 동안 얼립니다.
b) 바나나를 껍질을 벗기고 얇게 썰어 두유, 메이플 시럽, 바닐라, 참깨와 함께 푸드 프로세서에 넣고 잘 섞일 때까지 가공합니다.
c) 호일을 깐 베이킹 시트에 숟가락으로 떠서 고르게 펴서 1 시간 동안 얼립니다. 아직 약간 부드러울 때 제거하십시오.
d) 그런 다음 (젤리 롤 스타일로) 실린더로 말아서 두 번째 호일로 덮고 끝을 단단히 비틀어서 롤에 깔끔한 모양을 만듭니다. 정말 단단해질 때까지 한 시간 더 얼립니다.
e) 서빙하려면 평평한 표면에서 롤의 포장을 풀고 코코아 가루로 샤워를 하십시오.
f) 서빙 접시에 옮기고 초콜릿 컬로 장식하거나 초콜릿 소스를 뿌립니다. 더 많은 초콜릿 소스와 함께 슬라이스로 제공하십시오.

8 인분

19. 간장요트

재료:

- 상업용 또는 가정에서 만든 두유 4 컵
- 일반 상업용 요구르트 2~3 큰술
- 사탕수수 설탕 5 큰술
- 바닐라 맛 또는 원하는 다른 맛 1 작은술
- 선택 사항: 과일 보존

지도:

a) 저온 살균된 두유를 90°C(194°F)로 가열합니다.

b) 가열된 두유 베이스에 설탕을 넣고 온도를 194°F(90°C)로 유지하면서 설탕이 녹을 정도로만 가열하십시오. 풍미를 더하십시오.

c) 우유를 122oF(50°C)로 식힙니다. 시판 요구르트를 넣고 내용물을 부드럽게 섞어 거품이 생기지 않도록 합니다. 우유를 컵에 붓고 캡으로 밀봉하십시오.

d) 컵을 즉시 인큐베이터에 넣거나 약 5 시간 동안 106°F(41°C)의 오븐에 넣습니다. 4-1/2 시간의 배양 후 요구르트의 pH 를 면밀히 모니터링합니다. pH 가 4.3 또는 원하는 신맛에 도달하면 요구르트를 36°F(2oC)의 냉장고에 옮깁니다.

e) 12 시간 냉장 보관 후 요구르트를 제공할 수 있습니다. 옵션: 바닥에 과일이 있는 요구르트를 만들려면 각 요구르트 컵의 바닥에 2-3 티스푼의 과일 보존제를 넣으십시오.

f) 3 단계의 혼합물을 요거트 컵에 상단 부근까지 부드럽게 채우고 캡으로 밀봉합니다. 간장 요구르트는 지시에 따라 요구르트 제조사에서 만들 수 있습니다.

20. 오트 바나나 쉐이크

재료:

- 2 컵 두유
- 바나나 1 개
- 아마씨 가루 1T
- 1/2C 건조 오트밀
- 선택한 감미료 1t

지도:

a) 블렌더 또는 핸드 블렌더로 혼합하십시오.

b) 즐기다!

간장 조리법

21. 간장차파티

재료:

- 콩가루 ½ 컵
- 밀가루 2 컵
- 소금 1 작은술
- 물 1 컵
- 계란 1 개
- ¼ 컵 오일

지도:

a) 건조 재료를 결합하고 철저히 섞는다

b) 혼합물에 기름, 물, 풀어놓은 날갈을 넣고

c) 매끄러운 반죽이 형성될 때까지 섞는다

d) 원하는 크기로 롤링하기 위해 조각을 부수십시오.

e) 밀가루 표면에 롤

f) 약한 불에 팬에 기름을 살짝 두르고

g) chapati 를 추가하고 양면이 황금색이 될 때까지 요리하십시오.

22. 쇠야표카모넛

재료:

- 콩가루 ½ 컵
- 밀가루 2 컵
- ¼ 컵 설탕
- 소금 한 꼬집
- 3/4 작은술 빻은 육두구
- 베이킹파우더 1 작은술
- 효모 1 큰술
- 물 1 컵
- 튀김 용 기름

지도:

a) 모든 건조 재료를 결합하고 철저히 섞는다

b) 매끄러운 반죽이 형성될 때까지 물을 추가하십시오

c) **45~60** 분 발효

d) 밀가루를 뿌린 표면에 반죽을 밀어

e) 원하는 크기의 조각으로 자른다

f) 기름에 튀기며 가끔 뒤집어서 황금색이 될 때까지

g) 기름에서 제거하고 물기를 빼고 보관하기 전에 식히십시오.

23. 쇠똥

재료:

- 콩가루 1 컵
- 밀가루 1 컵
- 베이킹파우더 2 작은술
- 소금 $\frac{1}{4}$ 작은술
- 기름 1 큰술
- 설탕 3 큰술
- 1/3 컵 우유 또는 물
- 계란 1 개
- 계피가루 또는 육두구 $\frac{1}{4}$ 작은술
- 튀김 용 기름

지도:

a) 박력분, 베이킹파우더, 소금, 향신료는 함께 체 쳐주세요

b) 계란, 설탕 및 기름을 결합하십시오. 철저히 치다

c) 건조 혼합물, 계란 혼합물 및 우유/물을 합칩니다.

d) 철저히 혼합하십시오. 필요한 경우 밀가루를 추가하되 쉽게 다룰 수 있는 만큼 반죽을 부드럽게 유지하십시오.

e) 밀가루를 뿌린 표면에 반죽을 $\frac{1}{2}$ 인치 두께로 굴립니다.

f) 유리나 깡통의 상단을 사용하여 도넛 모양으로 자릅니다.

g) 적당한 열에 기름에 튀기십시오. 도넛이 위로 올라오자마자 회전

h) 황금빛 갈색이 되면 제거하고 물기를 뺀다

24. 간장스콘

재료:

- 콩가루 2 컵
- 밀가루 2 컵
- $\frac{1}{4}$ 컵 설탕
- 소금 $1\frac{1}{2}$ 작은술
- $\frac{1}{4}$ 컵 오일
- 효모 2 큰술
- 따뜻한 물 1 컵

지도:

a) 따뜻한 물에 이스트를 녹이고 15 분간 둡니다

b) 콩가루와 밀가루는 함께 체에 쳐서

c) 이스트 혼합물, 설탕, 소금 및 오일을 결합하십시오.

d) 밀가루 혼합물에 섞는다

e) 밀가루를 뿌린 표면에 반죽을 놓고 매끄럽고 탄력이 있을 때까지 반죽합니다(약 10 분)

f) 기름칠 그릇에 반죽을 넣으십시오. 뚜껑을 덮고 크기가 2 배가 될 때까지 따뜻한 곳에서 발효시킵니다(약 1~1 시간 반).

g) 두 배로 부풀어 오르면 펀칭하여 스콘 모양으로 만들고 기름 두른 베이킹 냄비에 넣습니다.

h) 크기가 2 배가 될 때까지 다시 발효시킵니다(약 1 시간).

i) 예열된 오븐에 넣고 12~20 분 굽는다

25. 바나간장케프

재료:

- 콩가루 1 컵
- 밀가루 1 컵
- 베이킹파우더 1 큰술
- 소금 $\frac{1}{2}$ 작은술
- 계피 또는 육두구 1 작은술 (선택사항)
- 계란 1 개
- 기름 3 큰술
- 물 또는 우유 1 컵
- 바닐라 맛 1 작은술 (선택사항)
- 잘 익은 바나나 3 개, 으깬 것

지도:

a) 밀가루와 소금, 베이킹 파우더, 향신료 (사용하는 경우)를 결합합니다.

b) 으깬 바나나에 계란, 기름, 물/우유, 바닐라 (사용하는 경우)를 섞습니다.

c) 젖은 혼합물과 건조한 혼합물을 결합하고 반죽이 형성될 때까지 섞습니다

d) 기름 두른 베이킹 냄비에 넣고

e) 오븐에 1 시간정도 굽는다

26. 간장케밥

재료:

- 카사바 섬유질 2 컵(아래와 같이 준비)
- 콩가루 1 컵
- 소금 $\frac{1}{4}$ 작은술
- 다진 양파 2 개(작은 것)
- 당근 1 개(선택 사항), 깍둑썰기하거나 강판에 썰기
- 달콤한 고추 1 개(선택 사항), 깍둑썰기
- 고추(선택), 깍둑썰기
- 물
- 튀김 용 기름

지도:

a) 카사바 껍질을 벗기고 깨끗이 씻는다
b) 블렌더 또는 절구공이를 사용하여 카사바를 가공하여 섬유에서 전분을 분리합니다.
c) 콩가루에 카사바 섬유질 섞기
d) 남은 재료를 합친다
e) 재료가 뭉쳐질 때까지 물을 넣고

f) 원하는 모양으로 성형

g) 기름에 튀겨 갈색이 되면 제거

27. 댕밀밀빵

재료:

- 1 C. 신선한 빻은 통밀가루
- 1 배치 오카라
- 이스트 2 작은술
- 바이탈 밀 글루텐 2 작은술
- 빵 인핸서 1 작은술
- 1 큰 술 수수 당밀
- 버터밀크 가루 1 큰술
- 콩기름 1 작은술 (선택사항)
- 두유

지도:

a) 팬케이크 반죽처럼 두꺼운 슬러리를 만들기 위해 모든 재료를 결합하십시오. 두유가 차가우면 더 빨리 효모 작용을 위해 첨가하기 전에 따뜻하게하십시오.

b) 스펀지처럼 되고 거품이 나고 가벼울 때까지 그릇에 담습니다.

c) 스펀지가 준비되면, 반죽이 반죽될 수 있을 때까지 표백하지 않은 흰 밀가루를 넣고 좋은 식감을 만들기 위해 몇 분 동안 반죽하십시오.

d) 그릇에 약 2 배가 될 때까지 부풀리면 펀칭하고 밀가루를 충분히 첨가하여 반죽이 너무 달라붙지 않도록 다시 반죽합니다.

e) 반죽을 식빵 팬 크기의 덩어리로 만들고 팬에 기름을 바르고 반죽을 팬에 넣습니다.

f) 반죽이 팬을 균일하게 채우도록 손가락으로 가장자리를 수정하십시오. 반죽이 팬의 상단 가장자리에 닿을 때까지 다시 발효시킵니다. 차가운 오븐에 넣고 오븐 온도를 350F 로 설정하고 약간 갈색이 될 때까지 빵을 굽고 팬에서 빵을 꺼내 바닥을 두드리면 속이 빈 소리가 납니다.

g) 50~60 분 정도 소요되지만 재료의 온도에 따라 시간이 달라질 수 있습니다.

h) 빵이 따뜻할 때 버터나 마가린으로 윗면을 닦아주면 아주 부드러운 식감을 느낄 수 있습니다.

간장 오키라 요리

28. 오라떡

재료:

- 1/2 다. 오카라
- 1/2 다. 칡 분말
- 1/4 다. 두유 또는 물
- 1/2t 소금

지도:

a) 재료를 섞어서 약간 반죽하십시오.

b) 프라이팬에 기름을 두르고 중불로 예열하고 떡을 넣고 겉이 딱딱해질 때까지 양면을 볶습니다.

c) 불을 중불로 낮추고 양면이 갈색이 되고 속이 떡처럼 질겨질 때까지 요리합니다.

d) 팬에서 꺼내 젓가락 앞에서 호박을 간장과 꿀을 같은 비율로 섞는다.

29. 아몬드쿠키

재료:

- 1 다. 오카라
- 1 다. 통 밀가루
- 1/4 다. 기름
- 2/3 다. 꿀
- 2 티 아몬드 추출물
- 1/2t 베이킹 소다

지도:

a) 오븐을 350°F 로 예열합니다. 액체 재료를 베이킹 소다와 결합하고 밀가루와 콩비지를 빠르게 추가합니다.

b) 기름을 바르거나 뿌린 쿠키 시트에 큰 스푼이나 아이스크림 스쿱을 떨어뜨리고 1/2" 두께로 평평하게 만듭니다.

c) 각 쿠키의 중앙에 전체 또는 슬라이스 아몬드(아마도 생 아몬드가 더 나을 수 있음)를 놓고 황금빛 갈색이 될 때까지 12~15 분 굽습니다.

d) 18 개의 쿠키를 만듭니다.

30. 오라"치킨 스틱

재료:

- 토마토 페이스트 6 온스 캔 1 개
- 원하는 향신료
- 빠른 귀리 3 컵

지도:

a) 큰 그릇에 오카라, 토마토 페이스트, 향신료를 섞습니다. 한 번에 한 컵의 오트밀을 추가합니다. 마지막 컵까지 손으로 섞어야 합니다.

b) 잘 섞다. 얇은 스트립으로 모양(길이 3 인치, 두께 3/4 인치)

c) 두 가지 방법으로 요리할 수 있습니다. 350 도 오븐에서 30~45 분 동안 굽습니다. 또는 중불에서 프라이팬에 약간의 기름을 가열하십시오. 두유에 줄무늬를 담근 다음 밀가루에 굴립니다. 프라이팬에서 요리하고 황금빛 갈색이 될 때까지 한 번 뒤집습니다. 종이 타월에 물기를 뺀다.

d) 케첩과 허니 머스타드와 함께 제공하십시오.

31. 오렌지 뮤 스무디

재료:

- 두 컵 두 컵
- 냉동 오렌지 주스 $\frac{1}{2}$ 컵 이하 또는 그 이상
- 레몬즙 1 작은술
- 원하는대로 설탕
- 원하는 대로 얼음 조각

지도:

a) 얼음을 제외한 모든 재료를 전기 믹서에 갈아줍니다. 부드러워질 때까지 혼합합니다.

b) 얼음을 넣고 **15-30** 초 더 블렌딩합니다.

c) 안경에 붓고 즐기십시오

32. 검은콩버거

재료:

- 검은콩 1 1-lb 캔, 물기를 빼고 약간 으깬 것
- 다진 양파 2 큰술
- 다진 마늘 2 쪽
- 다진 당근 1/2 개
- 소금 1/2 작은술
- 맛을 낸 빵 부스러기 약 1 컵
- 식용유

지도:

a) 콩비지와 콩을 섞어 콩을 약간 으깬다. 나머지 재료를 넣고 뻣뻣한 "반죽"을 만들기 위해 빵 부스러기를 사용하여 빵 부스러기 약 2 테이블스푼을 옆으로 둡니다.

b) 패티를 만들고 평평하게 만들고 여분의 빵 부스러기를 코팅하고 기름을 두른 뜨거운 프라이팬에 볶습니다.

c) 이것은 오븐에서 구울 수 있으며 원하는 오일을 뿌릴 수 있습니다.

d) 좋아하는 디핑 소스 또는 내가 좋아하는 살사와 함께 제공하십시오. 샐러드를 추가하면 건강한 섬유질이 풍부한 저녁 식사가 됩니다.

간장 드레싱 및 소스

33. 볼로네제간장소스

재료:

- 1 컵 마른 간장
- 간장 2 큰술
- 식초 2 큰술
- 끓는 물 1 컵
- 기름 1 큰술
- 겨자씨 2 작은술
- 고춧가루 1 작은술
- 가람 마살라 1 작은술
- 1/4 노란 후추, 깍둑썰기
- 다진 붉은 고추 1/4 개
- 슬라이스 버섯 50g
- 깍둑썰기한 작은 겨자 1 개 (선택 사항)
- 냉동 완두콩 1/2 컵 (선택사항)
- 찬물 1 컵
- 소금 1 1/2 작은술
- 토마토 페이스트 캔 140g

- 흑설탕 1 큰술

지도:

a) 볼에 간장을 담는다.

b) 간장, 식초, 끓는 물을 섞는다. 다진 것 위에 붓고 그대로 두십시오.

c) 냄비 열 올리브 오일

d) 겨자씨와 가람 마살라를 추가합니다.

e) 씨가 터지면 고춧가루를 넣어주세요.

f) 야채를 넣고 몇 분 동안 볶습니다. 간장을 넣고 잠시 볶는다. 물 한 컵과 토마토 페이스트를 넣으십시오. **15~20** 분 동안 요리하십시오.

g) 마지막으로 설탕을 넣어줍니다.

34. 간장콩파테

생산량: 4 인분

재료:

- 불린 콩 1 컵
- 잘게 썬 중간 크기 양파 1 개
- 올리브 오일 1 큰술
- 토마토 페이스트 2 큰술
- 씨를 빼고 다진 블랙 올리브 2 테이블스푼
- 다진 파슬리 2 큰술
- 소금 1 꼬집
- 살짝 볶은 통깨 1 큰술

지도:

a) 콩을 건져 물을 붓고 끓입니다. 10 분 동안 세게 끓이고 불을 줄이고 뚜껑을 덮고 부드러워질 때까지 약 2 시간 동안 콩의 나이에 따라 끓입니다. 배수하고 따로 보관하십시오. 식으면 으깬다.

b) 올리브 오일을 가열하고 양파가 매우 부드러워질 때까지 10 분 동안 볶습니다. 으깬 콩에 추가하십시오. 토마토 페이스트, 올리브, 파슬리, 필요한 경우 소금 및 참깨를 섞습니다.

c) 서빙 접시에 숟가락으로 떠서 서빙하기 전에 적어도 30 분 동안 식히십시오. 크래커 또는 손가락으로 자른 토스트와 함께 제공하십시오.

35. 올리브와 레몬을 곁들인 콩 딥

생산량: 4 인분

재료:

- 불린 콩 8 온스
- 올리브 오일 6 큰술
- 다진 양파 2 개
- 올리브 오일 2 큰술
- 레몬 주스 3 큰술
- 레몬즙 5 큰술
- 액체 감미료 1 작은술
- 소금, 맛보기
- 다진 파슬리 3 큰술
- 파프리카 1 작은술

지도:

a) DIP: 콩을 헹구고 깨끗한 물로 덮고 부드러워질 때까지 2 시간 동안 요리합니다. 배수하고 따로 보관하십시오.

b) 팬에 기름을 두르고 양파가 부드러워질 때까지 5 분간 볶습니다. 믹서기에 양파와 오일을 넣고 삶은 콩, 레몬즙, 감미료, 소금을

넣습니다. 부드러워질 때까지 혼합합니다. 딥을 서빙 볼에 옮깁니다.

c) 장식: 모든 재료를 함께 섞고 혼합물을 딥 위에 뿌립니다. 즉시 봉사하십시오.

36. 간장 후무스

생산량: 1 인분

재료:

- 1 컵 마른 콩 - 불린 후 물기 제거
- 레몬 주스 3 큰술
- $\frac{1}{4}$ 컵 올리브 오일
- 2 큰술 다진 신선한 파슬리
- 1 마늘 정향
- 소금과 후추

지도:

a) 부드러워질 때까지 푸드 프로세서에 모든 재료를 퓌레로 만듭니다.

b) 즐기다.

37. 간장& 참깨 드레싱

생산량: 6 인분

재료:

- ¾ 파인트 니반 다시
- MSG 1 꼬집
- 간장 ¼ 작은술
- 소금 1 꼬집
- 설탕 2½ 작은술
- 사케 1½ 작은술
- 1½ 온스 흰 참깨, 간
- 설탕 1½ 작은술
- 사케 2½ 큰술
- 간장 5 작은술

지도:

a) 사케를 센 불로 미지근하게 데웁니다. 사케에 불을 붙이고 불꽃이 꺼질 때까지 둡니다.

b) 사케를 작은 그릇에 붓고 실온으로 식힙니다.

c) 모든 재료를 넣고 고루 섞는다.

소이 키즈 취급

38. 쫄깃한쿠키

재료:

- 두유, 2 컵
- 착빙 설탕, ¾ 컵
- 코코아파우더, 2 큰술
- 셀프 레이징 밀가루, 5 큰 술
- 달걀 흰자, 2
- 다진 아몬드, 60g

지도:

a) 오븐을 200°C 로 예열합니다.

b) 베이킹 트레이에 선을 긋고 가볍게 기름칠을 합니다.

c) 두유, 슈가파우더, 코코아파우더, 자가기밀가루를 함께 체로 칩니다.

d) 볼에 있는 달걀 흰자를 휴대용 블렌더 또는 전기 믹서로 중간 속도로 단단해질 때까지 휘핑한 다음 잘 섞일 때까지 혼합물을 저어줍니다.

e) 다진 아몬드를 넣어주세요.

f) 쿠키 반죽 20 큰술 정도를 기름을 살짝 두른 베이킹 시트에 5cm 간격으로 놓습니다.

g) 쿠키의 각 트레이를 약 15 분 동안 또는 쿠키가 살짝 갈색이 되고 단단해질 때까지 굽습니다.

h) 트레이에서 쿠키를 제거하고 쿠키 랙이나 종이 타월에서 식힙니다.

i) 식으면 쿠키를 밀폐 용기에 보관하십시오.

39. 오트밀쿠키

재료:

- 두유, 1½ 컵
- 뜨거운 물, 1/3 컵
- 마가린(유제품 무첨가), 84g
- 흑설탕, 68g
- 계란, 1
- 바닐라 에센스, 1 작은술
- 바닐라 에센스 1 컵
- 셀프 레이징 밀가루, 63g
- 베이킹 소다, 1/4 작은술
- 계피, 1/4 작은술
- 건포도, 83g
- 다진 아몬드, 60g

지도:

a) 쿠키 시트에 기름을 살짝 바르십시오.

b) 두유와 뜨거운 물을 함께 섞는다.

c) 볼에 준비된 두유, 마가린, 황설탕, 계란, 바닐라 에센스를 함께 넣고 고속으로 전기믹서기로 섞어줍니다.

d) 볶은 귀리, 자작 밀가루, 베이킹 소다 및 계피를 함께 섞어 혼합물에 첨가하십시오. 혼합될 때까지 저속으로 혼합합니다. 건포도와 아몬드를 저어주세요.

e) 쿠키 반죽의 둥근 큰 스푼을 가볍게 기름칠 된 쿠키 시트에 서로 2 인치 간격으로 놓습니다.

f) 쿠키를 180°C 에서 12 분 동안 또는 살짝 갈색이 될 때까지 굽습니다.

g) 쿠키를 제거하고 쿠키 랙이나 종이 타월에서 식히십시오.

h) 식으면 쿠키를 밀폐 용기에 보관하십시오.

40. 과일타르트

재료:

- 두유, 6 컵
- 물, 240ml
- 옥수수 가루, 1 $\frac{1}{2}$ 큰 술
- 설탕, 2 큰술
- 식용 황색 식품, 착색료 1 방울
- 바닐라 에센스, $\frac{1}{2}$ 작은술
- 미니 타르트렛 케이스, 15
- 장식용 신선한 과일 조각

지도:

a) 바닥이 두꺼운 팬에 두유, 물, 옥수수 가루, 설탕, 식용 색소, 바닐라 에센스를 함께 섞습니다.

b) 커스터드가 걸쭉해질 때까지 약한 불에서 항상 저어주면서 혼합물을 부드럽게 데웁니다.

c) 미니 타틀렛에 커스터드를 숟가락으로 떠서 넣습니다.

d) 제공하다; 신선한 과일 조각을 얹었습니다.

41. 초콜릿 카푸트

재료:

- 두유, 6 컵
- 물, 240ml
- 옥수수 가루, 1 ½ 큰 술
- 설탕, 2 큰술
- 코코아 가루, 1 큰술
- 미니 타르트렛 케이스, 15
- 아몬드, 잘게 다진 것

지도:

a) 바닥이 두꺼운 팬에 두유, 물, 옥수수 가루, 설탕, 코코아 가루를 함께 섞습니다.

b) 커스터드가 걸쭉해질 때까지 약한 불에서 항상 저어주면서 혼합물을 부드럽게 데웁니다.

c) 커스터드를 숟가락으로 떠서 개인 컵이나 미니 타르트렛에 담습니다.

d) 제공하다! 다진 아몬드를 얹었다.

42. 버섯쿱

재료:

- 두유, 4 컵
- 뜨거운 물, 1 컵
- 치킨 스톡, 1 ½ 컵
- 양송이버섯 200g
- 표고버섯 100g
- 느타리버섯 80g
- 마가린, 1 큰술
- 소금

지도:

a) 두유와 뜨거운 물을 함께 섞는다.

b) 냄비에 치킨스톡을 끓입니다.

c) 버섯을 작은 조각으로 자릅니다.

d) 육수에 버섯과 마가린을 넣어주세요. 약 10 분 동안 끓입니다.

e) 끓는 육수에 준비한 두유를 점차적으로 넣고 계속 저어줍니다.

f) 수프를 불에서 내리고 식히십시오.

g) 믹서기를 사용하여 수프를 부드러워질 때까지 갈아줍니다.

h) 다시 따뜻하게 데워 그릇에 담아주세요. 원하는 경우 장식하십시오.

i) 수프를 즉시 제공하십시오.

43. 화쿠에

재료:

- Huat kueh 분말, 500g
- 두유, 6 컵
- 물, 240ml
- 식용 색소
- 식품 향료

지도:

a) huat kueh 분말을 두유 및 물과 함께 섞습니다.

b) 잘 저어.

c) 찜기를 끓이도록 설정합니다.

d) 혼합물을 12 개의 미니 종이컵에 붓습니다.

e) 쿠에에 꽂은 꼬치가 깨끗해질 때까지 30~45 분간 찐다.

f) 찜기에서 쿠에를 꺼내서 서빙하기 전에 식히십시오.

g) 코코넛 조각과 갈색 설탕과 함께 제공

44. 떡

재료:

- 일반 쌀가루,　　1 컵
- 두유, ¼ 컵
- 설탕, 2 큰술
- 드라이 이스트, ½ 작은술
- 탄산수소다, ½ 작은술
- 물, 125ml
- 건포도, 28g

지도:

a) 쌀가루를 두유, 설탕, 효모 및 중탄산 소다와 함께 섞습니다.

b) 물을 넣고 잘 섞어 반죽을 만든다.

c) 혼합물이 1 시간 동안 상승하도록 둡니다.

d) 건포도를 넣으십시오.

e) 찜기를 끓이도록 설정합니다.

f) 혼합물을 12 개의 미니 종이컵에 붓습니다.

g) 떡에 꽂은 꼬챙이가 깨끗해질 때까지 30~45 분간 찐다.

h) 찜기에서 떡을 꺼내서 식힌 후 서빙하세요.

45. 허니크랜베리 스콘

재료:

- 자가제모밀가루 2 컵
- 혼합 향신료, 1 작은술
- 설탕, 2 큰술
- 마가린(유제품 무첨가), 90g
- 두유, 3 컵
- 물, 50ml
- 꿀, 2 큰술
- 말린 크랜베리, 2 테이블스푼

지도:

a) 오븐을 200°C 로 예열합니다.

b) 베이킹 트레이에 선을 긋고 기름을 살짝 바르십시오.

c) 밀가루와 향신료를 함께 체로 치십시오.

d) 설탕을 섞는다.

e) 빵 부스러기와 비슷해질 때까지 마가린을 문지릅니다.

f) 두유와 물을 함께 섞는다.

g) 꿀과 준비한 두유를 넣고 섞어 부드러운 반죽을 만든다.

h) 크랜베리를 넣습니다.

i) 밀가루를 살짝 뿌린 판에 반죽을 펴십시오. 매끄러운 때까지 반죽을 반죽하십시오.

j) 반죽을 약 **2cm** 두께로 가볍게 밀어주세요.

k) **12** 개의 스콘을 잘라냅니다.

l) 기름을 살짝 두른 베이킹 트레이에 놓습니다.

m) 황금빛 갈색이 될 때까지 낮은 랙에서 **15~20** 분 동안 스콘을 굽습니다.

46. 수플레

재료:

- 두유, 6 컵
- 끓인 식힌 물 $\frac{3}{4}$ 컵
- 오렌지 젤리 결정, 1 팩, 90g
- 뜨거운 물, 1 컵
- 만다린 오렌지, 60g

지도:

a) 두유를 미리 끓인 식힌 물과 함께 섞습니다.

b) 잘 저어 냉장고에서 식힌다.

c) 뜨거운 물과 젤리 결정을 섞는다.

d) 결정이 녹을 때까지 잘 저어줍니다.

e) 혼합물을 유리 그릇에 붓고 혼합물이 거의 굳을 때까지 냉장고에서 차게 두십시오.

f) 냉동실에서 혼합물을 꺼내 준비한 두유로 거품이 날 때까지 휘핑합니다.

g) 혼합물을 냉장고에 넣어 설정하십시오.

h) 오렌지 조각과 함께 제공하십시오.

47. 망고젤리

재료:

- 젤라틴, 4 티스푼
- 뜨거운 물, ½ 컵
- 두유, 6 컵
- 망고, 1-2
- 물, 125ml
- 설탕, 2 큰술
- 레몬즙, 2 큰술

지도:

a) 젤라틴과 뜨거운 물을 함께 섞는다.

b) 녹을 때까지 잘 저어줍니다.

c) 푸드 프로세서를 사용하여 준비한 젤라틴, 두유, 망고 슬라이스, 물, 설탕, 레몬 주스를 함께 섞습니다.

d) 블렌드를 젤리 볼에 붓고 냉장고에 넣어둡니다.

e) 원하는 경우 신선한 과일과 함께 제공하십시오.

48. 과일쉐이크

재료:

- 두유,   6 컵
- 선택한 과일 주스,   1 컵

지도:

a) 과일 주스와 두유 분말을 함께 섞습니다.

b) 즉시 봉사하십시오.

49. 아이스캔디

재료:

- 젤라틴, 4 작은술
- 뜨거운 물, 60ml
- 두유, 8 컵
- 선택한 과일, 100 그램
- 물, 400ml
- 설탕, 1 큰술
- 식용 색소
- 식품 향료

지도:

a) 젤라틴과 뜨거운 물을 함께 섞는다.

b) 녹을 때까지 잘 저어줍니다.

c) 15 분 동안 따로 둡니다.

d) 나머지 재료를 함께 섞어 잘 섞는다.

e) 혼합물에 준비된 젤라틴을 넣고 잘 저어줍니다.

f) 혼합물을 틀에 붓고 냉동실에 둡니다.

50. 라즈베리잼 아이스크림

재료

- 무가당 두유 1 쿼트
- 꿀 2/3 컵
- 바닐라 추출물 2 작은술
- 2/3 컵 두꺼운 그리스 스타일 요구르트
- 냉동 라즈베리 2 컵

지도:

a) 큰 냄비에 두유, 꿀, 바닐라를 넣고 약 5 분 동안 가열하면서 자주 저어 두유에 설탕을 녹입니다. 불을 끄고 요구르트와 라즈베리를 넣고 혼합물을 블렌더로 옮기고 필요한 경우 일괄적으로 부드러워질 때까지 블렌딩합니다.

b) 아이스크림 메이커를 켜고 부드러운 두유와 라즈베리 혼합물을 기계에 천천히 붓습니다. 소프트 아이스크림의 농도가 될 때까지 약 45 분 동안 휘젓습니다. 즉시 큰 밀봉 가능한 용기에 붓고, 아이스크림 표면에 비닐 랩을 씌우고, 용기를 밀봉하고, 적어도 몇 시간 동안 얼립니다.

c) 냉동실에서 꺼내 10 분 동안 그대로 두었다가 퍼냅니다.

두부 요리

51. 굴소스를 곁들인 무

재료:

- 8 온스 두부
- 신선한 버섯 4 온스 파 6 개
- 셀러리 3 줄기
- 빨강 또는 녹색 후추
- 큰 스푼 식물성 기름 1/2 컵 물
- 큰 스푼 옥수수 전분
- 굴 소스 큰 술 마른 셰리주 4 작은술
- 간장 4 작은술

지도:

a) 두부를 1/2 인치 큐브로 자릅니다. 버섯을 청소하고 조각으로 자릅니다. 양파를 1 인치 조각으로 자릅니다. 셀러리는 1/2 인치 대각선 조각으로 자릅니다. 후추에서 씨를 제거하고 후추를 1/2 인치 덩어리로 자릅니다.

b) 센 불에 달군 팬에 식용유 1 큰술을 두른다. 기름에 두부를 연한 갈색이 될 때까지 부드럽게 저으면서 3 분 동안 요리합니다. 팬에서 제거합니다.

c) 웍에 남은 식용유 1 큰술을 센 불로 가열합니다. 버섯, 양파, 샐러리, 후추를 넣고 1 분간 볶습니다.

d) 두부를 웍에 돌려주세요. 가볍게 섞어서 섞는다. 물, 옥수수 전분, 굴 소스, 셰리, 간장을 섞습니다. 냄비에 혼합물을 붓습니다. 요리하고

e) 액체가 끓을 때까지 저어줍니다. 요리하고 1 분 더 저어줍니다.

52. 두부튀김

2¾ 컵 생성

재료:

- 1 블록 단단한 두부
- ¼ 컵 옥수수 전분
- 튀김용 기름 4~5 컵

지도:

a) 두부를 물기를 빼고 큐브로 자릅니다. 옥수수 전분으로 코팅하십시오.

b) 예열된 냄비에 기름을 넣고 **350°F** 로 가열합니다. 기름이 뜨거워지면 두부 사각형을 넣고 황금색이 될 때까지 튀깁니다. 종이 타월에 물기를 뺀다.

c) 이 맛있고 영양가 있는 쉐이크는 이상적인 아침 식사 또는 오후 간식이 됩니다. 풍미를 더하려면 제철 딸기를 추가하십시오.

53. 시래기 졸임 두부

재료:

- 시금치 잎 5 컵
- 고추와 함께 4 큐브 발효 두부
- 오향가루 약간(미만 ⅛ 티스푼)
- 볶음용 기름 2 큰술
- 다진 마늘 2 쪽

지도:

a) 시금치는 끓는 물에 잎을 살짝 넣어 데칩니다. 철저히 배수하십시오.

b) 숙성된 두부를 으깨고 오향가루를 섞는다.

c) 예열된 웍이나 프라이팬에 기름을 두릅니다. 기름이 뜨거워지면 마늘을 넣고 향이 날 때까지 잠시 볶습니다. 시금치를 넣고 1~2 분간 볶는다. 웍 중간에 으깬 두부를 넣고 시금치와 섞는다.

d) 요리하고 뜨겁게 제공하십시오.

54. 묵찜

재료:

- 쇠고기 1 파운드
- 말린 버섯 4 개
- 8 온스 프레스드 두부
- 가벼운 간장 1 컵
- $\frac{1}{4}$ 컵 진한 간장
- 중국 청주 또는 드라이 셰리주 $\frac{1}{4}$ 컵
- 볶음용 기름 2 큰술
- 생강 2 조각
- 다진 마늘 2 쪽
- 물 2 컵
- 1 스타 아니스

지도:

a) 쇠고기를 얇은 조각으로 자릅니다. 말린 표고버섯은 뜨거운 물에 20 분 이상 담가 부드러워지도록 한다. 부드럽게 짜서 여분의 물을 제거하고 슬라이스하십시오.

b) 두부를 $\frac{1}{2}$ 인치 큐브로 자릅니다. 연간장, 진간장, 곤약청주, 백간장과 흑간장을 섞어서 따로 둡니다.

c) 예열된 웍이나 프라이팬에 기름을 두릅니다. 기름이 뜨거워지면 생강 조각과 마늘을 넣고 향이 날 때까지 짧게 볶습니다. 쇠고기를 넣고 갈색이 될 때까지 요리하십시오. 쇠고기가 다 익기 전에 두부를 넣고 살짝 볶는다.

d) 소스와 물 2 컵을 넣는다. 스타 아니스를 추가하십시오. 끓이다가 불을 줄이고 끓인다. 1 시간 후 말린 표고버섯을 넣는다. 30 분

더 끓이거나 액체가 줄어들 때까지 끓입니다. 원하는 경우 제공하기 전에 스타 아니스를 제거하십시오.

55. 땅콩채소의 중국국슈

재료:

- 1 파운드 중국식 국수
- 검은 참기름 2 큰술

드레싱:
- 땅콩버터 6 큰술 물 1/4 컵
- 간장 3 큰술 흑간장 6 큰술
- 타히니(참깨 페이스트) 6 큰술
- 1/2 컵 검은 참기름 2 큰 술 세리
- 청주 식초 4 작은술 꿀 1/4 컵
- 4 중간 크기의 정향 마늘, 다진 것
- 다진 신선한 생강 2 작은술
- 고추기름 2-3 큰술 (또는 기호에 맞게) 뜨거운 물 1/2 컵

고명:
- 껍질을 벗긴 당근 1 개
- 껍질을 벗기고 씨를 제거하고 얇게 썬 단단한 중간 크기 오이 1/2 개 굵게 다진 볶은 땅콩 1/2 컵
- 얇게 썬 파 2 개

지도:

a) 중불로 끓는 큰 냄비에 국수를 요리하십시오. 간신히 부드럽고 여전히 단단할 때까지 요리하십시오. 즉시 물기를 제거하고 차가울 때까지 찬물로 헹굽니다. 물기를 잘 뺀 후 면이 뭉치지 않도록 참기름(2 큰술)을 넣어 버무린다.

b) 드레싱: 뜨거운 물을 제외한 모든 재료를 믹서기에 넣고 부드러워질 때까지 갈아줍니다. 휘핑 크림의 농도가 될 때까지 뜨거운 물로 묽게 만듭니다.

c) 장식용으로 당근 과육을 약 4 인치 길이의 짧은 조각으로 껍질을 벗기십시오. 얼음물에 30 분 동안 담가 컬을 만듭니다. 서빙 직전에 국수에 소스를 버무리십시오.

d) 오이, 땅콩, 파, 당근 컬로 장식합니다. 차갑게 또는 실온에서 제공하십시오.

56. 막린국슈

재료:

- 말린 중국 버섯
- 신선한 중국 국수 1/2 파운드 땅콩 기름 1/4 컵
- 호이신 소스 1 테이블스푼 콩소스 1 테이블스푼
- 큰 스푼 막걸리 또는 드라이 셰리 3 큰 술 가벼운 간장
- 또는 꿀
- 예비 버섯 불림액 1/2 컵 칠리 페이스트 1 작은술
- 옥수수 전분 1 큰술
- 1/2 빨간 피망 -- 1/2 인치 큐브
- 1/2 8 온스 캔 통 죽순, 1/2 로 잘라 헹구고 물기를 뺀 콩나물 2 컵
- scallion - 얇게 썬 것

지도:

a) 중국 버섯을 1 1/4 컵의 뜨거운 물에 30 분 동안 담그십시오. 그들이 몸을 담그는 동안 4 쿼트의 물을 끓여서 국수를 3 분 동안 요리하십시오. 물기를 빼고 땅콩 기름 1 테이블스푼과 함께 버무리십시오. 따로.

b) 버섯을 제거하십시오. 소스에 담그는 액체의 1/2 컵을 걸러내고 비축합니다.

c) 버섯 줄기를 자르고 버리십시오. 캡을 굵게 자르고 따로 보관하십시오.

d) 작은 그릇에 소스 재료를 합친다. 따로. 옥수수 전분을 찬물 2 큰술에 녹입니다. 따로.

e) 웍을 중불에 올려주세요. 연기가 나기 시작하면 나머지 땅콩기름 3 큰술을 넣고 버섯, 고춧가루, 죽순, 콩나물을 넣는다. 2 분간 볶습니다.

f) 소스를 저어 웍에 넣고 혼합물이 끓기 시작할 때까지 약 30 초 동안 계속 볶습니다.

g) 녹인 옥수수 전분을 섞어 웍에 넣습니다. 소스가 걸쭉해질 때까지 약 1 분간 계속 저어줍니다. 국수를 넣고 가열될 때까지 약 2 분간 던지십시오.

h) 서빙 접시에 옮기고 얇게 썬 파를 뿌립니다. 즉시 제공

57. 대파 곁들인 두부

재료:

- 8 온스의 신선한 북경식 국수
- 1 12 온스 블록 단단한 두부
- 청경채 큰줄기 3 개와 대파 2 개
- ⅓ 컵 진한 간장
- 검은콩 소스 2 큰술
- 중국 청주 또는 드라이 셰리주 2 작은술
- 흑미 식초 2 작은술
- 소금 ¼ 작은술
- 마늘을 곁들인 칠리 페이스트 ¼ 작은술
- 핫 칠리 오일 1 작은술
- 참기름 ¼ 작은술
- 물 ½ 컵
- 볶음용 기름 2 큰술
- 생강 2 조각, 다진 것
- 다진 마늘 2 쪽
- 다진 붉은 양파 ¼ 개

지도:

a) 면이 부드러워질 때까지 끓는 물에 면을 삶습니다. 철저히 배수하십시오. 두부를 물기를 빼고 큐브로 자릅니다.

b) 청경채는 끓는 물에 살짝 데쳐 물기를 뺀다. 줄기와 잎을 분리합니다. 대파는 대각선으로 1 인치 크기로 자릅니다.

c) 진간장, 검은콩 소스, 곤약 청주, 흑미식초, 소금, 마늘간장, 핫칠리오일, 참기름, 물을 넣고 섞는다. 따로.

- d) 예열된 웍이나 프라이팬에 기름을 두릅니다. 기름이 뜨거워지면 생강, 마늘, 파를 넣습니다.
- e) 향이 날 때까지 짧게 볶습니다. 적양파를 넣고 살짝 볶아주세요.
- f) 옆으로 밀고 청경채 줄기를 추가합니다. 잎을 넣고 청경채가 밝은 녹색이 되고 양파가 부드러워질 때까지 볶습니다. 기호에 따라 소금 $\frac{1}{4}$ 티스푼으로 간을 맞춥니다.
- g) 웍 중간에 소스를 넣고 끓인다. 두부를 넣습니다. 두부가 소스를 흡수할 수 있도록 몇 분 동안 끓입니다.
- h) 국수를 추가하십시오. 모든 것을 섞어 뜨겁게 제공하십시오.

58. 새로 속 채운 두부

재료:

- $\frac{1}{2}$ 파운드 단단한 두부
- 껍질을 벗기고 내장을 제거한 익힌 새우 2 온스
- $\frac{1}{8}$ 소금 티스푼
- 후추 맛
- 옥수수 전분 $\frac{1}{4}$ 작은술
- 닭고기 육수 $\frac{1}{2}$ 컵
- 중국 청주 또는 드라이 셰리주 $\frac{1}{2}$ 작은술
- 물 $\frac{1}{4}$ 컵
- 굴 소스 2 큰술
- 볶음용 기름 2 큰술
- 1 인치 크기로 자른 파 1 개

지도:

a) 두부를 물기를 뺀다. 새우를 씻고 종이 타월로 두드려 말립니다. 새우를 소금, 후추, 옥수수 전분에 15 분간 재워둡니다.

b) 칼을 도마와 평행하게 잡고 두부를 세로로 반으로 자릅니다. 각 반을 2 개의 삼각형으로 자른 다음 각 삼각형을 2 개의 삼각형으로 더 자릅니다. 이제 8 개의 삼각형이 있어야 합니다.

c) 두부의 한쪽 면에 세로로 칼집을 낸다. 새우 $\frac{1}{4}$-$\frac{1}{2}$ 티스푼을 틈새에 넣습니다.

d) 예열된 웍이나 프라이팬에 기름을 두릅니다. 기름이 뜨거워지면 두부를 넣습니다. 두부를 3~4 분 정도 노릇하게 볶다가 1 번 이상 뒤집어주고 웍 바닥에 달라붙지 않도록 한다.

e) 웍 중앙에 닭 육수, 곤약 청주, 물, 굴 소스를 넣어주세요.

f) 종기에 가져다. 불을 끄고 뚜껑을 덮고 5~6 분간 끓인다. 파를 저어주세요. 뜨겁게 봉사하십시오.

59. 시원야채뮤

재료:

- 7 온스(2 블록) 프레스드 두부
- 보존 사천 야채 ¼ 컵
- 닭고기 육수 또는 육수 ½ 컵
- 중국 청주 또는 드라이 셰리주 1 작은술
- 간장 ½ 작은술
- 튀김용 기름 4~5 컵

지도:

a) 예열된 냄비에 기름 4 컵 이상을 350°F 로 가열합니다. 기름이 가열되기를 기다리는 동안 두부를 1 인치 큐브로 자릅니다.

b) 사천 야채를 입방체로 자릅니다. 치킨 스톡과 청주를 섞어서 따로 보관합니다.

c) 기름이 뜨거워지면 두부를 넣고 연한 갈색이 될 때까지 볶는다. 슬롯 형 스푼으로 냄비에서 꺼내 따로 보관하십시오.

d) 웍에서 기름 2 큰술을 제외한 모든 것을 제거하십시오. 보존된 사천 야채를 추가합니다. 1~2 분간 볶은 후 웍 옆으로 밀어 올려주세요. 냄비 중간에 닭 육수 혼합물을 넣고 끓입니다.

e) 간장을 섞는다. 눌린 두부를 넣습니다.

f) 모든 것을 함께 섞고 몇 분 동안 끓인 다음 뜨겁게 제공하십시오.

60. 세가지야채와 함께찐두부

재료:

- 말린 버섯 4 개
- 예비 버섯 불림액 $\frac{1}{4}$ 컵
- $\frac{2}{3}$ 컵 신선한 버섯
- 닭고기 육수 $\frac{1}{2}$ 컵
- 굴 소스 $1\frac{1}{2}$ 큰술
- 중국 청주 또는 드라이 셰리주 1 작은술
- 볶음용 기름 2 큰술
- 다진 마늘 1 쪽
- 반으로 자른 아기 당근 1 컵
- 옥수수 전분 2 작은술과 물 4 작은술
- $\frac{1}{2}$ 인치 입방체로 자른 $\frac{3}{4}$ 파운드 압축 두부

지도:

a) 말린 표고버섯은 뜨거운 물에 20 분 이상 불려주세요. 담그는 액체의 $\frac{1}{4}$ 컵을 남겨 두십시오. 건조하고 신선한 버섯을 슬라이스하십시오.

b) 예약해둔 버섯액, 닭육수, 굴소스, 곤약청을 섞는다. 따로.

c) 예열된 웍이나 프라이팬에 기름을 두릅니다. 기름이 뜨거워지면 마늘을 넣고 향이 날 때까지 잠시 볶습니다. 당근을 추가합니다. 1 분간 볶은 후 버섯을 넣고 볶는다.

d) 소스를 넣고 끓입니다. 옥수수 전분과 물의 혼합물을 저어주고 소스에 추가하고 빠르게 저어 걸쭉하게 만듭니다.

e) 두부 큐브를 추가합니다. 모든 것을 함께 섞고 불을 줄이고 5-6 분 동안 끓입니다. 뜨거운 봉사.

61. 돼지고기 무슈형

재료:

- $\frac{1}{2}$ 파운드 단단한 두부
- $\frac{1}{4}$ 파운드 갈은 돼지고기
- $\frac{1}{8}$ 소금 티스푼
- 후추 맛
- 중국 청주 또는 드라이 셰리주 $\frac{1}{2}$ 작은술
- 닭고기 육수 $\frac{1}{2}$ 컵
- 물 $\frac{1}{4}$ 컵
- 굴 소스 2 큰술
- 볶음용 기름 2 큰술
- 1 인치 크기로 자른 파 1 개

지도:

a) 두부를 물기를 뺀다. 다진 돼지고기를 중간 그릇에 넣습니다. 소금, 후추, 곤약 청주를 넣습니다. 돼지고기를 15 분간 재워둡니다.

b) 칼을 도마와 평행하게 잡고 두부를 세로로 반으로 자릅니다. 각 반을 2 개의 삼각형으로 자른 다음 각 삼각형을 2 개의 삼각형으로 더 자릅니다. 이제 8 개의 삼각형이 있어야 합니다.

c) 각 두부 삼각형의 가장자리 중 하나를 따라 세로로 슬롯을 자릅니다. 다진 돼지고기 $\frac{1}{4}$ 작은술을 구멍에 채웁니다.

d) 예열된 웍이나 프라이팬에 기름을 두릅니다. 기름이 뜨거워지면 두부를 넣습니다. 다진 돼지고기가 남아 있으면 추가하십시오.

e) 두부를 3~4 분 정도 노릇하게 볶다가 1 번 이상 뒤집어주고 웍 바닥에 달라붙지 않도록 한다.

f) 웍 중앙에 닭육수, 물, 굴소스를 넣어주세요. 종기에 가져다.
g) 불을 낮추고 뚜껑을 덮고 5~6 분간 끓인다. 파를 저어주세요. 뜨겁게 봉사하십시오.

62. 시럽을 곁들인 크랜베리 팬케이크

4~6 인분을 만든다

재료:

- 끓는 물 1 컵
- 1/2 컵 가당 건조 크랜베리
- 1 메이플 시럽 /2 컵
- 1/4 컵의 신선한 오렌지 주스
- 1 다진 오렌지 /4 컵
- 비건 마가린 1 큰술
- 다목적 밀가루 1 1/2 컵
- 설탕 1 큰술
- 베이킹파우더 1 큰술
- 1/2 작은술 소금
- 두유 1 1/2 컵
- 1 물기를 뺀 부드러운 순두부 /4 컵
- 카놀라유 또는 포도씨유 1 큰술, 튀김용 추가

지도:

a) 내열 그릇에 크랜베리 위에 끓는 물을 붓고 약 10 분 동안 그대로 두십시오. 물기를 잘 빼서 따로 둡니다.

b) 작은 냄비에 메이플 시럽, 오렌지 주스, 오렌지, 마가린을 넣고 약한 불로 가열하면서 마가린이 녹도록 저어줍니다. 따뜻한 상태를 유지해. 오븐을 225°F 로 예열하십시오.

c) 큰 볼에 밀가루, 설탕, 베이킹 파우더, 소금을 넣고 따로 보관합니다.

d) 푸드 프로세서나 블렌더에 두유, 두부, 오일을 넣고 잘 섞일 때까지 갈아줍니다.

e) 마른 재료에 젖은 재료를 붓고 몇 번의 재빠른 손놀림으로 블렌딩합니다. 부드럽게 한 크랜베리를 접으십시오.

f) 철판이나 큰 프라이팬에 기름을 얇게 두른 후 중불에서 가열합니다. 뜨거운 철판에 반죽 1/4 컵에서 1/3 컵을 국자에 담습니다. 작은 기포가 위에 나타날 때까지 2~3 분 동안 요리하십시오. 팬케이크를 뒤집고 두 번째 면이 갈색이 될 때까지 약 2 분 더 굽습니다.

g) 다 구워진 팬케이크를 내열 접시에 옮기고 나머지는 굽는 동안 오븐에서 따뜻하게 유지하세요. 오렌지 메이플 시럽과 함께 제공하십시오.

63. 간장 두부

4 인분을 만든다

재료:

- ¹/4 컵 구운 참기름
- 1 쌀 식초 /4 컵
- 1 파운드의 매우 단단한 두부, 물기를 빼고 1/2 인치 조각으로 자르고 눌렀습니다.
- 설탕 2 작은술

지도:

a) 두부를 물기를 제거하고 9 x 13 인치 베이킹 접시에 담아 따로 보관합니다.

b) 작은 냄비에 간장, 식용유, 식초, 설탕을 넣고 끓입니다. 뜨거운 매리 네이드를 두부에 붓고 한 번 뒤집어서 30 분 동안 재워 두십시오.

c) 오븐을 350°F 로 예열하십시오. 두부를 중간에 한 번 뒤집어 30 분간 굽는다.

d) 즉시 제공하거나 실온으로 식힌 다음 필요할 때까지 덮고 냉장하십시오.

64. 케이준식 두부

4 인분을 만든다

재료:

- 1 파운드의 매우 단단한 두부, 물기를 빼고 가볍게 두드려 건조
- 소금
- 1 큰술 + 케이준 시즈닝 1 작은술
- 올리브 오일 2 큰술
- 1 다진 파프리카 / 4 컵
- 다진 셀러리 1 큰술
- 다진 파 2 큰술
- 다진 마늘 2 쪽
- 물기를 뺀 토마토 캔 1 개(14.5 온스)
- 간장 1 큰술
- 다진 신선한 파슬리 1 큰술

지도:

a) 두부를 1/2 인치 두께로 자르고 양쪽에 소금과 케이준 시즈닝 1 테이블스푼을 뿌립니다. 따로.

b) 작은 냄비에 기름 1 큰술을 중불로 가열합니다. 피망과 셀러리를 추가합니다.

c) 뚜껑을 덮고 5 분간 끓입니다. 파와 마늘을 넣고 뚜껑을 덮지 않고 1 분 더 끓입니다.

d) 토마토, 간장, 파슬리, 남은 케이준 스파이스 블렌드 1 작은술, 소금을 기호에 따라 섞어주세요. 10 분 동안 끓여 풍미를 섞고 따로 보관합니다.

e) 큰 프라이팬에 나머지 1 큰술의 기름을 중불로 가열합니다. 두부를 넣고 양면이 갈색이 될 때까지 약 10 분 동안 요리합니다. 소스를 넣고 5 분간 끓인다. 즉시 봉사하십시오.

65. 지글지글 케이퍼 소스를 곁들인 두부

4 인분을 만든다

재료:

- 1 파운드의 매우 단단한 두부, 물기를 빼고 1/4 인치 조각으로 자르고 눌렀습니다.
- 소금과 갓 갈은 후추
- 올리브 오일 2 큰술, 필요한 경우 더 추가
- 다진 중간 크기 샬롯 1 개
- 케이퍼 2 큰술
- 다진 신선한 파슬리 3 큰술
- 비건 마가린 2 큰술
- 레몬 1 개 주스

지도:

a) 오븐을 275°F 로 예열합니다. 두부를 두드려 말리고 소금과 후추로 기호에 따라 간을 합니다. 옥수수 전분을 얕은 그릇에 넣으십시오. 두부를 옥수수 녹말에 준설하여 모든 면을 코팅합니다.

b) 큰 프라이팬에 기름 2 큰술을 중불로 가열합니다. 필요한 경우 두부를 일괄적으로 추가하고 양면이 황금빛 갈색이 될 때까지 한 면당 약 4 분 동안 요리합니다.

c) 튀긴 두부를 내열 접시에 옮기고 오븐에서 따뜻하게 유지하십시오.

d) 같은 프라이팬에 나머지 오일 1 큰술을 중불로 가열합니다. 샬롯을 넣고 부드러워질 때까지 약 3 분간 끓입니다.

e) 케이퍼와 파슬리를 넣고 30 초 동안 요리한 다음, 마가린, 레몬 주스, 소금과 후추를 취향에 따라 저으면서 녹으면서 마가린을 섞습니다.

f) 두부에 케이퍼 소스를 얹고 즉시 서빙합니다.

66. 황금 국물을 곁들인 두부 튀김

4 인분을 만든다

재료:

- 1 파운드의 매우 단단한 두부, 물기를 빼고 1/2 인치 조각으로 자르고 눌렀습니다.
- 소금과 갓 갈은 후추
- 옥수수 전분 1/3 컵
- 올리브 오일 2 큰술
- 다진 중간 크기의 달콤한 노란 양파 1 개
- 다목적 밀가루 2 큰술
- 말린 타임 1 작은술
- 강황 1/8 작은술
- 야채 육수 1 컵
- 간장 1 큰술
- 삶은 병아리콩 또는 통조림으로 만든 병아리콩 1 컵
- 다진 신선한 파슬리 2 큰술

지도:

a) 두부는 물기를 제거하고 기호에 따라 소금과 후추로 간을 합니다. 옥수수 전분을 얕은 그릇에 넣으십시오. 두부를 옥수수 녹말에 준설하여 모든 면을 코팅합니다. 오븐을 250°F 로 예열하십시오.

b) 큰 프라이팬에 기름 2 큰술을 중불로 가열합니다. 필요한 경우 두부를 일괄적으로 추가하고 양면이 황금빛 갈색이 될 때까지 약 10 분 동안 요리합니다.

c) 튀긴 두부를 내열 접시에 옮기고 오븐에서 따뜻하게 유지하십시오.

d) 같은 프라이팬에 나머지 오일 1 큰술을 중불로 가열합니다. 양파를 넣고 뚜껑을 덮고 부드러워질 때까지 5 분 동안 요리합니다. 폭로하고 열을 약하게 줄이십시오.

e) 밀가루, 타임, 강황을 넣고 계속 저으면서 1 분 동안 요리합니다.

f) 국물을 천천히 붓고 두유와 간장을 섞는다. 병아리콩을 넣고 기호에 따라 소금과 후추로 간을 합니다. 2 분 동안 계속 요리하고 자주 저어줍니다. 블렌더로 옮기고 부드럽고 크림이 될 때까지 처리하십시오.

g) 냄비에 다시 넣고 뜨거울 때까지 가열하고 소스가 너무 걸쭉하면 국물을 조금 더 추가합니다.

h) 두부에 소스를 붓고 파슬리를 뿌린다. 즉시 봉사하십시오.

67. 오렌지 글레이즈드 두부와 아스파라거스

4 인분을 만든다

재료:

- 미림 2 큰술
- 옥수수 전분 1 큰술
- 1(16 온스) 포장된 매우 단단한 두부, 물기를 제거하고 1/4 인치 스트립으로 자릅니다.
- 간장 2 큰술
- 볶은 참기름 1 작은술
- 설탕 1 작은술
- 1/4 티스푼 아시아 칠리 페이스트
- 카놀라유 또는 포도씨유 2 큰술
- 다진 마늘 1 쪽
- 1/2 작은술 다진 신선한 생강
- 5 온스의 얇은 아스파라거스, 거친 끝을 다듬고 1 1/2 인치 조각으로 자릅니다.

지도:

a) 얕은 그릇에 미림과 옥수수 전분을 넣고 잘 섞습니다. 두부를 넣고 살살 버무려 코팅합니다. 30 분 동안 재워둡니다.

b) 작은 그릇에 오렌지 주스, 간장, 참기름, 설탕, 고추장을 넣고 섞는다. 따로.

c) 큰 프라이팬이나 웍에 카놀라유를 중불로 가열합니다. 마늘과 생강을 넣고 향이 날 때까지 약 30 초간 볶는다.

d) 절인 두부와 아스파라거스를 넣고 두부가 황금빛 갈색이 되고 아스파라거스가 부드러워질 때까지 약 5 분간 볶습니다.

e) 소스를 넣고 2 분정도 더 끓여주세요. 즉시 봉사하십시오.

68. 두부 피자올라

4 인분을 만든다

재료:

- 올리브 오일 2 큰술
- 1(16 온스) 패키지의 매우 단단한 두부, 물기를 빼고 1/2 인치 조각으로 자르고 압착합니다(참조: 가벼운 야채 국물)
- 소금
- 다진 마늘 3 쪽
- 물기를 뺀 토마토 캔 1 개(14.5 온스)
- 1/4 인치 스트립으로 자른 오일 포장 썬드라이 토마토 /4 컵
- 케이퍼 1 큰술
- 말린 오레가노 1 작은술
- 1 설탕 /2 작은술
- 갓 갈은 후추
- 장식용으로 다진 신선한 파슬리 2 큰술

지도:

a) 오븐을 275°F 로 예열합니다. 큰 프라이팬에 기름 1 큰술을 중불로 가열합니다. 두부를 넣고 앞뒤가 황금빛 갈색이 될 때까지 한 면당 약 5 분씩 한 번씩 뒤집습니다. 기호에 따라 두부에 소금을 뿌린다.

b) 튀긴 두부를 내열 접시에 옮기고 오븐에서 따뜻하게 유지하십시오.

c) 같은 프라이팬에 나머지 1 큰술의 기름을 중불로 가열합니다. 마늘을 넣고 부드러워질 때까지 약 1 분간 끓입니다. 갈색으로 만들지 마십시오.

d) 깍둑썰기한 토마토, 선드라이 토마토, 올리브, 케이퍼를 넣고 저어줍니다. 취향에 따라 오레가노, 설탕, 소금과 후추를 첨가하십시오.

e) 소스가 뜨거워지고 양념이 잘 섞일 때까지 약 10 분간 끓입니다.

f) 튀긴 두부 조각에 소스를 얹고 파슬리를 뿌린다. 즉시 봉사하십시오.

69. "카오" 두부

4 인분을 만든다

재료:

- 1 파운드의 매우 단단한 두부, 물기를 빼고 두드려 건조시키고 1 인치 입방체로 자릅니다.
- 소금
- 옥수수 전분 2 큰술
- 간장 2 큰술
- 채식 굴 소스 1 큰술
- 쌀 식초 1 작은술
- 밝은 갈색 설탕 1 작은술
- 1 다진 고추 / 2 작은술
- 카놀라유 또는 포도씨유 2 큰술
- 중간 크기의 달콤한 노란 양파 1 개, 반으로 자르고 1/2 인치 조각으로 자릅니다.
- 중간 크기의 빨간 피망, 1/4 인치 조각으로 자른 것
- 파, 다진 것
- 1/2 컵 타이 바질 잎

지도:

a) 중간 크기의 그릇에 두부, 기호에 따라 소금, 옥수수 전분을 넣고 섞습니다. 뒤집어서 코팅하십시오.
b) 작은 볼에 간장, 굴소스, 쌀식초, 설탕, 다진고추를 넣고 섞는다.

c) 잘 저어 결합하고 따로 보관하십시오.

d) 큰 프라이팬에 기름 1 큰술을 중불로 가열합니다. 두부를 넣고 황금빛 갈색이 될 때까지 약 8 분간 끓입니다. 프라이팬에서 꺼내 따로 둡니다.

e) 같은 프라이팬에 나머지 1 큰술의 기름을 중불로 가열합니다. 양파와 피망을 넣고 부드러워질 때까지 약 5 분간 볶습니다. 대파를 넣고 1 분 더 끓인다.

f) 튀긴 두부, 소스, 바질을 넣고 약 3 분간 뜨거워질 때까지 볶는다. 즉시 봉사하십시오.

70. 사찰로아식 두부

4 인분을 만든다

재료:

- 올리브 오일 2 큰술
- 1 파운드의 매우 단단한 두부, 물기를 빼고 1/4 인치 조각으로 자르고 압착 소금 및 갓 간 후추
- 다진 작은 노란 양파 1 개
- 다진 마늘 2 쪽
- 1(28 온스) 캔 깍둑썰기한 토마토, 물기 제거
- 1 드라이 화이트 와인 /4 컵
- 1 다진 고추 /4 작은술
- 1 씨를 제거한 칼라마타 올리브 /3 컵
- 케이퍼 1 1/2 큰술
- 다진 신선한 바질 2 테이블스푼 또는 말린 바질 1 티스푼(선택 사항)

지도:

a) 오븐을 250°F 로 예열하십시오. 큰 프라이팬에 기름 1 큰술을 중불로 가열합니다. 필요한 경우 두부를 일괄적으로 추가하고 양면이 황금빛 갈색이 될 때까지 양면을 5 분씩 익힙니다. 기호에 따라 소금과 후추로 간을 합니다.

b) 삶은 두부를 내열 접시에 옮기고 소스를 준비하는 동안 오븐에서 따뜻하게 유지하십시오.

c) 같은 프라이팬에 나머지 1 큰술의 기름을 중불로 가열합니다. 양파와 마늘을 넣고 뚜껑을 덮고 양파가 부드러워질 때까지 10 분간 끓입니다. 토마토, 와인, 으깬 붉은 고추를 넣으십시오.

d) 끓으면 약불로 줄이고 뚜껑을 덮지 않고 15 분간 끓입니다. 올리브와 케이퍼를 섞는다. 2 분 더 끓입니다.

e) 두부를 접시나 개별 접시에 담습니다. 그 위에 소스를 뿌립니다. 사용하는 경우 신선한 바질을 뿌립니다. 즉시 봉사하십시오.

71. 타이푼 볶음

4 인분을 만든다

재료:

- 1 파운드의 매우 단단한 두부, 물기를 빼고 건조
- 카놀라유 또는 포도씨유 2 큰술
- 중간 크기 샬롯, 깍둑썰기
- 다진 마늘 2 쪽
- 다진 신선한 생강 2 작은술
- 깍둑썰기한 환색 버섯 뚜껑 3 온스
- 크림 땅콩 버터 1 큰술
- 밝은 갈색 설탕 2 작은술
- 아시아 칠리 페이스트 1 작은술
- 간장 2 큰술
- 미림 1 큰술
- 무가당 코코넛 밀크 1 캔 (13.5 온스)
- 다진 신선한 시금치 6 온스
- 볶은 참기름 1 큰술
- 갓 지은 밥이나 국수
- 잘게 썬 신선한 타이 바질 2 테이블스푼
- 으깬 무염 볶은 땅콩 2 큰술
- 다진 결정화된 생강 2 작은술

지도:

a) 두부를 1/2 인치 주사위 모양으로 자르고 따로 보관합니다. 큰 프라이팬에 기름 1 큰술을 중불로 가열합니다.

b) 두부를 넣고 황금빛 갈색이 될 때까지 약 7 분간 볶습니다. 두부는 프라이팬에서 꺼내 따로 보관합니다.

c) 같은 프라이팬에 나머지 1 큰술의 기름을 중불로 가열합니다. 샬롯, 마늘, 생강, 버섯을 넣고 부드러워질 때까지 약 4 분간 볶습니다.

d) 땅콩버터, 설탕, 고추장, 간장, 미림을 넣고 섞는다. 코코넛 밀크를 넣고 잘 섞일 때까지 섞습니다. 튀긴 두부와 시금치를 넣고 끓인다.

e) 열을 중불로 줄이고 시금치가 시들고 맛이 잘 섞일 때까지 5-7 분 동안 가끔 저어가며 끓입니다. 참기름을 넣고 1 분 더 끓인다.

f) 서빙하려면 두부 혼합물을 원하는 쌀이나 국수 위에 숟가락으로 떠서 올리고 코코넛, 바질, 땅콩, 결정화된 생강(사용하는 경우)을 얹습니다. 즉시 봉사하십시오.

72. 치폴레 그림 구운 두부

4 인분을 만든다

재료:

- 간장 2 큰술
- 아도보 통조림 치폴레 칠리 2 개
- 올리브 오일 1 큰술
- 1 파운드의 아주 단단한 두부, 물기를 빼고 두꺼운 조각으로 자른다

지도:

a) 오븐을 375°F 로 예열하십시오. 9 x 13 인치 베이킹 팬에 기름을 살짝 바르고 따로 보관합니다.
b) 푸드 프로세서에 간장, 치폴레, 오일을 넣고 섞일 때까지 처리합니다. 치폴레 혼합물을 작은 그릇에 긁어냅니다.
c) 두부 조각의 양면에 치폴레 혼합물을 바르고 준비된 팬에 한 겹으로 배열합니다.
d) 뜨거울 때까지 약 20 분간 굽습니다. 즉시 봉사하십시오.

73. 타마린드 글레이즈를 곁들인 구운 두부

4 인분을 만든다

재료:

- 1 파운드의 매우 단단한 두부, 물기를 빼고 가볍게 두드려 건조
- 소금과 갓 갈은 후추
- 올리브 오일 2 큰술
- 다진 중간 크기 샬롯 2 개
- 다진 마늘 2 쪽
- 잘게 썬 잘 익은 토마토 2 개
- 케첩 2 큰술
- 물 1/4 컵
- 디종 머스타드 2 큰술
- 흑설탕 1 큰술
- 아가베 넥타 2 큰술
- 타마린드 농축액 2 큰술
- 다크 당밀 1 큰술
- 1/2 작은술 간 카이엔
- 훈제 파프리카 1 큰술
- 간장 1 큰술

지도:

a) 두부를 1 인치 크기로 자르고 소금과 후추로 기호에 따라 간을 하고 얕은 베이킹 팬에 따로 보관합니다.

b) 큰 냄비에 기름을 중불로 가열합니다. 샬롯과 마늘을 넣고 2 분간 볶습니다. 두부를 제외한 나머지 재료를 모두 넣습니다. 불을 약불로 줄이고 15 분간 끓인다.

c) 혼합물을 블렌더나 푸드 프로세서로 옮기고 부드러워질 때까지 갈아줍니다. 스튜 냄비로 돌아가서 15 분 더 요리한 다음 식하십시오.

d) 두부에 소스를 붓고 최소 2 시간 동안 냉장 보관합니다. 그릴이나 육계를 예열하십시오.

e) 재워둔 두부를 한 번 뒤집어 앞뒤로 잘 구워지도록 굽는다. 두부가 굽는 동안 냄비에 매리 네이드를 다시 데우십시오.

f) 그릴에서 두부를 꺼내서 타마린드 소스를 양면에 바르고 즉시 서빙합니다.

74. 물냉이를 채운 두부

4 인분을 만든다

재료:

- 1 파운드의 매우 단단한 두부는 물기를 빼고 3/4 인치 조각으로 자르고 압착합니다(참조가 벼운 야채 국물)
- 소금과 갓 같은 후추
- 물냉이 작은 다발 1 개, 단단한 줄기를 제거하고 다진 것
- 잘게 썬 잘 익은 자두 토마토 2 개
- 1 다진 파 /2 컵
- 다진 신선한 파슬리 2 큰술
- 다진 신선한 바질 2 큰술
- 다진마늘 1 작은술
- 올리브 오일 2 큰술
- 발사믹 식초 1 큰술
- 꼬집음 설탕
- 1 다목적 밀가루 /2 컵
- 1 물 /2 컵
- 양념을 하지 않은 마른 빵가루 11/2 컵

지도:

a) 두부 조각의 각 측면에 길고 깊은 주머니를 자르고 두부를 베이킹 시트에 놓습니다. 기호에 따라 소금과 후추로 간을 하고 따로 보관합니다.

b) 큰 볼에 물냉이, 토마토, 파, 파슬리, 바질, 마늘, 기름 2 큰술, 식초, 설탕, 소금과 후추를 기호에 맞게 합칩니다. 잘 섞일 때까지 섞은 다음 두부 주머니에 조심스럽게 넣습니다.

c) 밀가루를 얕은 그릇에 넣으십시오. 별도의 얕은 그릇에 물을 붓습니다. 빵 부스러기를 큰 접시에 놓습니다.

d) 두부는 밀가루를 묻혀준 후 물에 조심스럽게 담갔다가 빵가루를 묻혀서 잘 묻혀줍니다.

e) 큰 프라이팬에 나머지 2 큰술의 기름을 중불로 가열합니다. 속을 채운 두부를 프라이팬에 넣고 황금빛 갈색이 될 때까지 한 면당 4~5 분씩 한 번씩 뒤집습니다.

f) 즉시 봉사하십시오.

75. 피스타치오 석류 두부

4 인분을 만든다

재료:

- 1 파운드의 매우 단단한 두부는 물기를 빼고 1/4 인치 조각으로 자르고 압착합니다 (참조 가벼운 야채 국물)
- 소금과 갓 갈은 후추
- 올리브 오일 2 큰술
- 1 석류 주스 / 2 컵
- 발사믹 식초 1 큰술
- 밝은 갈색 설탕 1 큰술
- 다진 파 2 개
- 1 껍질을 벗긴 무염 파스타치오 / 2 컵, 굵게 다진 것
- 기호에 따라 두부에 소금과 후추로 간을 합니다.

지도:

a) 큰 프라이팬에 기름을 중불로 가열합니다. 두부 조각을 필요한 경우 일괄로 추가하고 한 면당 약 4 분씩 갈색이 될 때까지 요리합니다. 프라이팬에서 꺼내 따로 둡니다.

b) 같은 프라이팬에 석류즙, 식초, 설탕, 파를 넣고 중불에서 5 분간 끓인다. 파스타치오 반을 넣고 소스가 약간 걸쭉해질 때까지 약 5 분간 끓입니다.

c) 튀긴 두부를 프라이팬에 다시 넣고 뜨거워질 때까지 약 5 분간 끓입니다. 끓을 때 두부에 소스를 뿌립니다.

d) 나머지 피스타치오를 뿌린 즉시 제공하십시오.

76. 스파이스 아일랜드 두부

4 인분을 만든다

재료:

- 1 옥수수 전분 / 2 컵
- $1/2$ 티스푼 다진 신선한 타임 또는 1/4 티스푼 말린 타임
- $1/2$ 작은술 다진 신선한 마요라나 또는 1/4 작은술 건조
- $1/2$ 작은술 소금
- $1/4$ 티스푼 갈은 카이엔
- 1 달콤한 또는 훈제 파프리카 / 4 작은술
- $1/4$ 작은술 밝은 갈색 설탕
- $1/8$ 작은술 간 피망
- 1 파운드의 매우 단단한 두부, 물기를 제거하고 1/2 인치 스트립으로 자릅니다.
- 카놀라유 또는 포도씨유 2 큰술
- 중간 크기의 빨간 피망 1 개, 1/4 인치 스트립으로 자른 것
- 다진 파 2 개
- 다진 마늘 1 쪽
- 씨를 뿌리고 다진 할라피뇨 1 개
- 씨를 제거하고 잘게 썬 익은 매실 토마토 2 개
- 다진 신선한 파인애플 또는 통조림 파인애플 1 컵
- 간장 2 큰술
- 1 물 / 4 컵
- 신선한 라임 주스 2 작은술
- 장식용으로 다진 신선한 파슬리 1 큰술

지도:

a) 오븐을 250°F 로 예열하십시오.
b) 얕은 그릇에 옥수수 전분, 타임, 마요라나, 소금, 카이엔, 파프리카, 설탕, 올스파이스를 합칩니다. 잘 섞다. 양념 혼합물에 두부를 준설하고 모든 면에 코팅합니다.
c) 큰 프라이팬에 기름 2 큰술을 중불로 가열합니다. 준설 두부를 필요한 경우 일괄로 추가하고 한 면당 약 4 분씩 황금빛 갈색이 될 때까지 요리합니다.
d) 튀긴 두부를 내열 접시에 옮기고 오븐에서 따뜻하게 유지하십시오.
e) 같은 프라이팬에 나머지 1 큰술의 기름을 중불로 가열합니다. 피망, 파, 마늘, 할라피뇨를 넣습니다. 뚜껑을 덮고 부드러워질 때까지 약 10 분 동안 가끔씩 저어가며 요리합니다.
f) 토마토, 파인애플, 간장, 물, 라임 주스를 넣고 혼합물이 뜨거워지고 맛이 섞일 때까지 약 5 분간 끓입니다.
g) 튀긴 두부에 야채 혼합물을 숟가락으로 떠내십시오.
h) 다진 파슬리를 뿌리고 즉시 제공하십시오.

77. 감귤-호아신 소스를 곁들인 생강 두부

4 인분을 만든다

재료:

- 1 파운드의 매우 단단한 두부를 물기를 빼고 두드려 건조시키고 1/2 인치 입방체로 자릅니다.
- 간장 2 큰술
- 2 큰술 + 옥수수전분 1 작은술
- 1 테이블스푼 + 1 티스푼 카놀라유 또는 포도씨유
- 볶은 참기름 1 작은술
- 다진 신선한 생강 2 작은술
- 파, 다진 것
- 1 호이신 소스 /3 컵
- 1/ 수제 야채 육수 2 컵(참조가벼운 야채 국물) 또는 매장에서 구입
- 1/4 컵의 신선한 오렌지 주스
- 신선한 라임 주스 1 1/2 큰술
- 신선한 레몬 주스 1 1/2 큰술
- 소금과 갓 갈은 후추

지도:

a) 두부를 얕은 그릇에 담습니다. 간장을 넣고 버무린 후 전분 2 큰술을 뿌려 버무린다.

b) 큰 프라이팬에 카놀라유 1 큰술을 중불로 가열합니다. 두부를 넣고 10 분 정도 가끔 뒤집어가며 황금빛 갈색이 될 때까지 요리합니다. 두부는 팬에서 꺼내 따로 둡니다.

c) 같은 프라이팬에 남은 카놀라유 1 작은술과 참기름을 중불로 가열합니다. 생강과 파를 넣고 향이 날 때까지 약 1 분간 끓입니다. 호이신 소스, 육수, 오렌지 주스를 넣고 끓입니다.

d) 액체가 약간 줄어들고 맛이 섞일 때까지 약 3 분 동안 요리합니다.

e) 작은 그릇에 남은 옥수수 전분 1 작은술을 라임 주스, 레몬 주스와 함께 넣고 소스에 넣고 약간 걸쭉해질 때까지 저어줍니다.

f) 기호에 따라 소금과 후추로 간을 합니다.

g) 튀긴 두부를 프라이팬에 다시 넣고 소스가 코팅되고 가열될 때까지 요리합니다.

h) 즉시 봉사하십시오.

78. 레몬그라스와 눈 완두콩을 곁들인 두부

4 인분을 만든다

재료:

- 카놀라유 또는 포도씨유 2 큰술
- 중간 크기의 붉은 양파 1 개, 반으로 자르고 얇게 썬 것
- 다진 마늘 2 쪽
- 다진 신선한 생강 1 작은술
- 1 파운드의 매우 단단한 두부, 물기를 빼고 1/2 인치 주사위 모양으로 자릅니다.
- 간장 2 큰술
- 미림 또는 사케 1 큰술
- 설탕 1 작은술
- ^{1} 다진 고추 /2 작은술
- 손질한 완두콩 4 온스
- 다진 레몬그라스 1 테이블스푼 또는 레몬 1 개
- 장식용으로 굵게 빻은 무염 볶은 땅콩 2 큰술

지도:

a) 큰 프라이팬이나 웍에 기름을 중불로 가열합니다. 양파, 마늘, 생강을 넣고 2 분간 볶는다. 두부를 넣고 황금빛 갈색이 될 때까지 약 7 분간 끓입니다.

b) 간장, 미림, 설탕, 다진고추를 넣고 버무린다. 완두콩과 레몬그라스를 넣고 완두콩이 아삭하고 부드러우며 풍미가 잘 섞일 때까지 약 3 분 동안 볶습니다.

c) 땅콩으로 장식하고 즉시 제공하십시오.

79. 타히니 소스를 곁들인 더블 참깨 두부

4 인분을 만든다

재료:

- 1/2 컵 타히니(참깨 페이스트)
- 신선한 레몬 주스 2 큰술
- 간장 2 큰술
- 물 2 큰술
- 1 흰 참깨 /4 컵
- 1 검은깨 /4 컵
- 1 옥수수 전분 /2 컵
- 1 파운드의 매우 단단한 두부를 물기를 빼고 두드려 건조시키고 1/2 인치 스트립으로 자릅니다.
- 소금과 갓 갈은 후추
- 카놀라유 또는 포도씨유 2 큰술

지도:

a) 작은 볼에 타히니, 레몬즙, 간장, 물을 넣고 잘 섞이도록 저어줍니다. 따로.
b) 얕은 그릇에 흰색과 검은색 참깨와 옥수수 전분을 넣고 섞습니다. 기호에 따라 두부에 소금과 후추로 간을 합니다. 따로.
c) 큰 프라이팬에 기름을 중불로 가열합니다.

d) 참깨 혼합물에 두부를 잘 코팅될 때까지 준 다음 뜨거운 프라이팬에 넣고 전체가 갈색이 되고 바삭해질 때까지 요리합니다. 필요에 따라 뒤집어서 한 면당 3-4 분씩 뒤집습니다. 씨앗을 태우지 않도록 주의하십시오.
e) 타히니 소스를 뿌리고 즉시 제공하십시오.

80. 두부와 완두콩 스튜

4 인분을 만든다

재료:

- 올리브 오일 2 큰술
- 다진 중간 크기의 노란 양파 1 개
- 다진 셀러리 1/2 컵
- 다진 마늘 2 쪽
- 중간 크기의 Yukon Gold 감자 2 개, 껍질을 벗기고 1/2 인치 주사위 모양으로 자릅니다.
- 껍질을 벗긴 신선 또는 냉동 완두콩 1 컵
- 껍질을 벗기고 다진 호박 2 컵
- 1/2 컵 냉동 아기 완두콩
- 말린 세이버 1 작은술
- 1/2 작은술 잘게 부순 말린 세이지
- 1/8 작은술 간 카이엔
- 수제 야채 육수 1 1/2 컵 (참조: 가벼운 야채 국물) 또는 상점에서 구입한 소금과 갓 같은 후추
- 1 파운드의 매우 단단한 두부, 물기를 제거하고 가볍게 두드려 말리고 1/2 인치 주사위 모양으로 자릅니다.
- 다진 신선한 파슬리 2 큰술

지도:

a) 큰 냄비에 기름 1 큰술을 중불로 가열합니다. 양파, 샐러리, 마늘을 넣습니다.
b) 뚜껑을 덮고 부드러워질 때까지 약 10 분 동안 요리합니다. 감자, 완두콩, 호박, 완두콩, 풍미, 세이지 및 카이엔을 저어줍니다. 육수를 넣고 끓입니다. 불을 약불로 줄이고 기호에 따라 소금과 후추로 간을 합니다.
c) 야채가 부드러워지고 풍미가 섞일 때까지 뚜껑을 덮고 약 40 분 동안 끓입니다.
d) 큰 프라이팬에 나머지 1 큰술의 기름을 중불로 가열합니다. 두부를 넣고 황금빛 갈색이 될 때까지 약 7 분간 끓입니다.
e) 기호에 따라 소금과 후추로 간을 하고 따로 보관합니다. 스튜가 완성되기 약 10 분 전에 튀긴 두부와 파슬리를 넣습니다.
f) 맛을 보고 필요한 경우 조미료를 조절하고 즉시 제공하십시오.

81. 간장 꿈가튀

6 인분을 만든다

재료:

- 10 온스의 단단한 두부, 물기를 빼고 으깬 것
- 간장 2 큰술
- ¹ 달콤한 파프리카 / 4 작은술
- ¹ 양파 가루 / 4 작은술
- ¹ 마늘 가루 / 4 작은술
- ¹ 갓 간 후추 / 4 작은술
- 밀 글루텐 가루 1 컵 (필수 밀 글루텐)
- 올리브 오일 2 큰술

지도:

a) 푸드 프로세서에 두부, 간장, 파프리카, 양파 가루, 마늘 가루, 후추, 밀가루를 넣고 섞는다. 잘 섞일 때까지 처리하십시오.

b) 혼합물을 평평한 작업 표면으로 옮기고 원통 모양으로 만듭니다. 혼합물을 6 등분으로 나누고 두께가 1/4 인치 이하인 매우 얇은 커틀릿으로 평평하게 만듭니다.

c) 큰 프라이팬에 기름을 중불로 가열합니다. 커틀릿을 필요한 경우 일괄로 추가하고 뚜껑을 덮고 양면이 갈색이 될 때까지 한 면당 5~6 분 동안 요리합니다.

82. 두부 고기 덩어리

4~6 인분을 만든다

재료:

- 올리브 오일 2 큰술
- 다진 양파 $2/3$ 컵
- 다진 마늘 2 쪽
- 1 파운드의 매우 단단한 두부, 물기를 빼고 가볍게 두드려 건조
- 케첩 2 큰술
- 타히니(참깨 페이스트) 또는 크림 피넛 버터 2 테이블스푼
- 간장 2 큰술
- 호두 $1/2$ 컵
- 1 컵 구식 귀리
- 밀 글루텐 가루 1 컵(필수 밀 글루텐)
- 다진 신선한 파슬리 2 큰술
- $1/2$ 작은술 소금
- 달콤한 파프리카 $1/2$ 작은술
- 갓 간 후추 $1/4$ 작은술

지도:

a) 오븐을 375°F 로 예열하십시오. 9 인치 빵 판에 기름을 살짝 두르고 따로 보관합니다.

b) 큰 프라이팬에 기름 1 큰술을 중불로 가열합니다. 양파와 마늘을 넣고 뚜껑을 덮고 부드러워질 때까지 5 분 동안 요리합니다.

c) 푸드 프로세서에 두부, 케첩, 타히니, 간장을 넣고 부드러워질 때까지 처리합니다.
d) 준비한 양파 혼합물과 나머지 재료를 모두 추가합니다. 잘 결합될 때까지 펄스하지만 약간의 질감이 남습니다.
e) 혼합물을 준비된 팬에 긁어냅니다. 혼합물을 팬에 단단히 눌러 윗면을 부드럽게 합니다.
f) 단단하고 황금빛 갈색이 될 때까지 약 1 시간 동안 굽습니다. 슬라이스하기 전에 10 분 동안 그대로 두십시오.

83. 바나나 프렌치 토스트

4 인분을 만든다

재료:

- 물기를 뺀 단단한 순두부 1 개 (12 온스)
- 두유 1 1/2 컵
- 옥수수 전분 2 큰술
- 카놀라유 또는 포도씨유 1 큰술
- 설탕 2 작은술
- 순수한 바닐라 추출물 1 1/2 작은술
- 소금 1/4 작은술
- 하루 된 이탈리아 빵 4 조각
- 튀김용 카놀라유 또는 포도씨유

지도:

a) 오븐을 225°F 로 예열하십시오. 블렌더나 푸드 프로세서에 두부, 두유, 옥수수 전분, 기름, 설탕, 바닐라, 소금을 넣고 부드러워질 때까지 갈아줍니다.

b) 얕은 그릇에 반죽을 붓고 빵을 반죽에 담그고 뒤집어 양면을 코팅합니다.

c) 철판이나 큰 프라이팬에 기름을 얇게 두른 후 중불로 가열합니다. 뜨거운 철판에 프렌치 토스트를 놓고 양면이 황금빛 갈색이 될 때까지 한 면당 3~4 분씩 한 번씩 뒤집습니다.

d) 완성된 프렌치 토스트를 내열 접시에 옮겨 담고 나머지는 요리하는 동안 오븐에서 따뜻하게 유지하세요.

84. 참깨야채스프레드

약 1 컵 분량

재료:

- $1/2$ 컵의 부드러운 두부, 물기를 제거하고 가볍게 두드려 건조
- 타히니(참깨 페이스트) 2 큰술
- 영양 효모 2 큰술
- 신선한 레몬 주스 1 큰술
- 아마씨유 2 작은술
- 볶은 참기름 1 작은술
- $1/2$ 작은술 소금

지도:

a) 블렌더나 푸드 프로세서에 모든 재료를 넣고 부드러워질 때까지 갈아줍니다.
b) 혼합물을 작은 그릇에 긁어 넣고 뚜껑을 덮고 몇 시간 동안 냉장고에 넣어 풍미를 더합니다.

85. 오물라소스 라비에터

4 인분을 만든다

재료:

- 올리브 오일 1 큰술
- 다진 마늘 3 쪽
- 다진 파 3 개
- (28 온스) 으깬 토마토 캔
- 말린 바질 1 작은술
- 1/2 작은술 말린 마요라나
- 소금 1 작은술
- 1 갓 간 후추 /4 작은술
- 1 비건 크림 치즈 /3 컵 또는 물기를 뺀 부드러운 두부
- 1 파운드 라디에이터 또는 기타 작은 모양의 파스타
- 장식용으로 다진 신선한 파슬리 2 큰술

지도:

a) 큰 냄비에 기름을 중불로 가열합니다. 마늘과 파를 넣고 향이 날 때까지 1 분간 끓입니다. 토마토, 바질, 마요라나, 소금, 후추를 넣고 저어주세요.

b) 소스를 끓인 다음 불을 약하게 줄이고 가끔 저어주면서 15 분 동안 끓입니다.

c) 푸드 프로세서에 크림치즈가 부드러워질 때까지 갈아줍니다. 토마토 소스 2 컵을 넣고 부드러워질 때까지 섞습니다. 두부 토마토 혼합물을 토마토 소스와 함께 스튜 냄비에 다시 긁어 넣고 섞습니다. 맛을 보고 필요한 경우 조미료를 조정합니다. 약한 불로 따뜻하게 유지하십시오.

d) 끓는 소금물이 담긴 큰 냄비에 파스타를 중불에서 요리하고 알 덴테(al dente)가 될 때까지 약 10 분 동안 가끔 저어줍니다.

e) 물기를 잘 빼고 큰 그릇에 옮깁니다. 소스를 넣고 부드럽게 섞이도록 버무린다. 파슬리를 뿌리고 즉시 제공하십시오.

86. 야채 무슈롤

6 인분을 만든다

재료:

- 라자냐 국수 12 온스
- 1 파운드의 단단한 두부, 물기를 제거하고 으깬 것
- 물기를 제거하고 으깬 부드러운 두부 1 파운드
- 영양 효모 2 큰술
- 신선한 레몬 주스 1 작은술
- 소금 1 작은술
- 1 갓 간 후추 /4 작은술
- 다진 신선한 파슬리 3 큰술
- 1 비건 파마산 치즈 /2 컵 또는 파르마시오
- 마리나라 소스 4 컵

지도:

a) 오븐을 350°F 로 예열하십시오.
b) 끓는 소금물에 국수를 중불에서 요리하고 약 7 분 정도 알덴테가 될 때까지 가끔 저어줍니다.
c) 큰 그릇에 단단하고 부드러운 두부를 섞습니다. 영양 효모, 레몬 주스, 소금, 후추, 파슬리, 파마산 치즈 1/4 컵을 추가합니다. 잘 결합될 때까지 섞는다.

d) 9 x 13 인치 베이킹 접시 바닥에 토마토 소스 층을 숟가락으로 떠 넣습니다. 삶은 국수를 한 겹 얹는다.

e) 면 위에 두부 혼합물의 절반을 고르게 펴십시오. 다른 국수 층과 소스 층으로 반복합니다.

f) 남은 두부 혼합물을 소스 위에 바르고 마지막 면과 소스로 마무리합니다.

g) 나머지 1/4 컵 파마산 치즈를 뿌립니다. 소스가 남아 있으면 저장하고 라자냐와 함께 그릇에 뜨겁게 제공하십시오.

h) 호일로 덮고 45 분간 굽는다. 덮개를 제거하고 10 분 더 굽습니다. 서빙하기 전에 10 분 동안 그대로 두십시오.

87. 라드 사프란 사플리자냐

6 인분을 만든다

재료:

- 라자냐 국수 12 온스
- 올리브 오일 1 큰술
- 다진 마늘 2 쪽
- 8 온스의 신선한 붉은 근대, 거친 줄기를 제거하고 굵게 다진 것
- 굵게 다진 신선한 아기 시금치 9 온스
- 1 파운드의 단단한 두부, 물기를 제거하고 으깬 것
- 물기를 제거하고 으깬 부드러운 두부 1 파운드
- 영양 효모 2 큰술
- 신선한 레몬 주스 1 작은술
- 다진 신선한 평잎 파슬리 2 큰술
- 소금 1 작은술
- 1 갓 간 후추 / 4 작은술
- 마리나라 소스 3 1/2 컵, 홈메이드 또는 매장에서 구입

지도:

a) 오븐을 350°F 로 예열하십시오.
b) 끓는 소금물에 국수를 중불에서 요리하고 약 7 분 정도 알덴테가 될 때까지 가끔 저어줍니다.

c) 큰 냄비에 기름을 중불로 가열합니다. 마늘을 넣고 향이 날 때까지 끓인다.

d) 근대를 추가하고 시들 때까지 약 5 분 동안 저어가며 요리합니다. 시금치를 넣고 약 5 분 정도 더 익을 때까지 저어가며 계속 요리합니다.

e) 뚜껑을 덮고 부드러워질 때까지 약 3 분 동안 요리합니다. 열어서 식히십시오. 충분히 차가워지면 그린에서 남아 있는 수분을 제거하고 큰 스푼으로 눌러 과도한 액체를 짜냅니다. 녹색을 큰 그릇에 넣으십시오.

f) 두부, 영양 효모, 레몬 주스, 파슬리, 소금 및 후추를 첨가하십시오. 잘 결합될 때까지 섞는다.

g) 9 x 13 인치 베이킹 접시 바닥에 토마토 소스 층을 숟가락으로 떠 넣습니다. 국수 층으로 꼭대기에 오르십시오.

h) 면 위에 두부 혼합물의 절반을 고르게 펴십시오. 다른 국수 층과 소스 층으로 반복하십시오.

i) 남은 두부 혼합물을 소스 위에 바르고 마지막 면, 소스, 파마산 치즈로 마무리합니다.

j) 호일로 덮고 45 분간 굽는다. 덮개를 제거하고 10 분 더 굽습니다. 서빙하기 전에 10 분 동안 그대로 두십시오.

88. 구운 야채 라자냐

6 인분을 만든다

재료:

- 중간 크기의 호박 1 개, 1/4 인치 조각으로 자른 것
- 중간 크기 가지 1 개, 1/4 인치 조각으로 자른 것
- 잘게 썬 중간 크기의 빨간 피망 1 개
- 올리브 오일 2 큰술
- 소금과 갓 갈은 후추
- 8 온스 라자냐 국수
- 1 파운드의 단단한 두부, 물기를 제거하고 가볍게 두드려 말리고 부서짐
- 1 파운드의 부드러운 두부, 물기를 제거하고 가볍게 두드려 말리고 부순다
- 영양 효모 2 큰술
- 다진 신선한 평잎 파슬리 2 큰술
- 마리나라 소스 3 1/2 컵

지도:

a) 오븐을 425°F 로 예열하십시오. 호박, 가지, 피망을 살짝 기름을 두른 9 × 13 인치 베이킹 팬에 펼칩니다.

b) 기름을 두르고 기호에 따라 소금과 후추로 간을 합니다. 부드럽고 살짝 갈색이 될 때까지 야채를 약 20 분 동안 볶습니다.

c) 오븐에서 꺼내서 식히십시오. 오븐 온도를 350°F 로 낮추십시오.

d) 끓는 소금물에 국수를 중불에서 요리하고 약 7 분 정도 알덴테가 될 때까지 가끔 저어줍니다. 배수하고 따로 보관하십시오.

e) 큰 그릇에 두부를 영양 효모, 파슬리, 소금 및 후추와 함께 기호에 맞게 합칩니다. 잘 섞다.

f) 조립하려면 9 x 13 인치 베이킹 접시 바닥에 토마토 소스 층을 펼칩니다. 국수 층으로 소스를 얹으십시오. 구운 야채의 절반을 국수에 올린 다음 야채 위에 두부 혼합물의 절반을 바르십시오.

g) 국수를 다른 층으로 반복하고 소스를 더 얹습니다. 남은 야채와 두부 혼합물로 레이어링 과정을 반복하고 면과 소스 레이어로 마무리합니다. 그 위에 파마산 치즈를 뿌린다.

h) 뚜껑을 덮고 45 분간 굽는다. 덮개를 제거하고 10 분 더 굽습니다. 오븐에서 꺼내 10 분 동안 그대로 두었다가 자르십시오.

89. 라자냐 롤 가지채

6 인분을 만든다

재료:

- 올리브 오일 1 큰술
- 다진 마늘 2 쪽
- 1 작은 머리 라디키오, 파쇄
- 8 온스 크레미니 버섯, 가볍게 헹구고 가볍게 두드려 말리고 얇게 썬 것
- 소금과 갓 갈은 후추
- 8 온스 라자냐 국수
- 1 파운드의 단단한 두부, 물기를 제거하고 가볍게 두드려 말리고 부서짐
- 1 파운드의 부드러운 두부, 물기를 제거하고 가볍게 두드려 말리고 부순다
- 영양 효모 3 큰술
- 다진 신선한 파슬리 2 큰술
- 마리나라 소스 3 컵

지도:

a) 큰 프라이팬에 기름을 중불로 가열합니다. 마늘, 라디치오, 버섯을 넣습니다.

b) 뚜껑을 덮고 부드러워질 때까지 약 10 분 동안 가끔씩 저어가며 요리합니다. 기호에 따라 소금과 후추로 간을 하고 따로 보관

c) 끓는 소금물에 국수를 중불에서 요리하고 약 7 분 정도 알덴테가 될 때까지 가끔 저어줍니다. 배수하고 따로 보관하십시오. 오븐을 350°F 로 예열하십시오.

d) 큰 그릇에 단단하고 부드러운 두부를 섞습니다. 영양 효모와 파슬리를 넣고 잘 섞일 때까지 섞습니다.

e) 라디키오와 버섯 혼합물을 섞고 소금, 후추로 간을 합니다.

f) 9 x 13 인치 베이킹 접시 바닥에 토마토 소스 층을 숟가락으로 떠 넣습니다. 국수 층으로 꼭대기에 오십시오. 면 위에 두부 혼합물의 절반을 고르게 펴십시오. 다른 국수 층과 소스 층으로 반복합니다.

g) 남은 두부 혼합물을 그 위에 바르고 마지막 면과 소스로 마무리합니다. 지상 호두를 뿌린다.

h) 호일로 덮고 45 분간 굽는다. 덮개를 제거하고 10 분 더 굽습니다. 서빙하기 전에 10 분 동안 그대로 두십시오.

90. 라자포베라

6~8 인분을 만든다

재료:

- 8 온스 라자냐 국수
- 올리브 오일 2 큰술
- 다진 작은 노란 양파 1 개
- 다진 마늘 3 쪽
- 물기를 뺀 순두부 6 온스
- 무가당 두유 3 컵
- 영양 효모 3 큰술
- 1 육두구 / 8 작은술
- 소금과 갓 갈은 후추
- 다진 브로콜리 작은 꽃 2 컵
- 중간 크기 당근 2 개, 다진 것
- 작은 호박 1 개, 길이로 반 또는 4 등분하고 1/4 인치 조각으로 자릅니다.
- 다진 중간 크기의 빨간 피망 1 개
- 2 파운드의 단단한 두부, 물기를 빼고 가볍게 두드려 건조
- 다진 신선한 평잎 파슬리 2 큰술
- 1 비건 파마산 치즈 / 2 컵 또는 파르마시오
- 1/2 컵 아몬드 또는 잣

지도:

a) 오븐을 350°F 로 예열하십시오. 끓는 소금물에 국수를 중불에서 요리하고 약 7 분 정도 알덴테가 될 때까지 가끔 저어줍니다. 배수하고 따로 보관하십시오.

b) 작은 프라이팬에 기름을 중불로 가열합니다. 양파와 마늘을 넣고 뚜껑을 덮고 부드러워질 때까지 약 5 분 동안 요리합니다. 양파 혼합물을 믹서기로 옮깁니다.

c) 순두부, 두유, 영양효모, 육두구, 소금과 후추를 기호에 맞게 넣어주세요. 부드러워질 때까지 혼합하고 따로 보관합니다.

d) 브로콜리, 당근, 호박, 피망이 부드러워질 때까지 찐다. 열에서 제거하십시오.

e) 단단한 두부를 큰 볼에 부숴주세요. 파슬리와 파마산 치즈 1/4 컵을 넣고 기호에 따라 소금과 후추로 간을 합니다. 잘 결합될 때까지 섞는다.

f) 찐 야채를 넣고 잘 섞어 필요한 경우 소금과 후추를 더 추가합니다.

g) 가볍게 기름을 두른 9 x 13 인치 베이킹 접시의 바닥에 화이트 소스 층을 숟가락으로 떠 넣습니다.

h) 국수 층으로 꼭대기에 오르십시오. 두부와 야채 혼합물의 절반을 국수에 고르게 펴십시오. 다른 국수 층과 소스 층으로 반복하십시오.

i) 남은 두부 혼합물을 그 위에 바르고 마지막 면과 소스로 마무리하고 나머지 1/4 컵 파마산 치즈로 마무리합니다.

j) 호일로 덮고 45분간 굽는다.

91. 검정깨호박리자

6~8 인분을 만든다

재료:

- 12 라자냐 국수
- 올리브 오일 1 큰술
- 다진 중간 크기의 노란 양파 1 개
- 다진 중간 크기의 빨간 피망 1 개
- 다진 마늘 2 쪽
- 삶은 검은콩 1 1/2 컵 또는 1 캔(15.5 온스)의 검은콩, 물기를 빼고 헹굽니다.
- (14.5 온스) 으깬 토마토 캔
- 고춧가루 2 작은술
- 소금과 갓 갈은 후추
- 물기를 잘 빼낸 단단한 두부 1 파운드
- 다진 신선한 파슬리 또는 고수 3 큰술
- 호박 퓨레 1 캔(16 온스)
- 홈메이드 토마토 살사 3 컵(참조 신선한 토마토 살사) 또는 매장에서 구입

지도:

a) 오븐을 375°F 로 예열하십시오.

b) 끓는 소금물에 국수를 중불에서 요리하고 약 7 분 정도 알덴테가 될 때까지 가끔 저어줍니다. 배수하고 따로 보관하십시오.

c) 큰 프라이팬에 기름을 중불로 가열합니다. 양파를 넣고 뚜껑을 덮고 부드러워질 때까지 요리합니다. 피망과 마늘을 넣고 부드러워질 때까지 5 분 더 끓입니다.

d) 콩, 토마토, 고춧가루 1 작은술, 소금과 후추를 기호에 따라 섞어주세요. 잘 섞어 따로 보관하십시오.

e) 큰 볼에 두부, 파슬리, 남은 고춧가루 1 작은술, 소금과 후추를 기호에 따라 합칩니다. 따로.

f) 중간 크기의 그릇에 호박과 살사 소스를 넣고 잘 섞이도록 저어줍니다. 기호에 따라 소금과 후추로 간을 합니다.

g) 9 x 13 인치 베이킹 접시 바닥에 호박 혼합물 약 3/4 컵을 펼칩니다. 면 4 개를 올려줍니다. 콩 혼합물의 절반을 얹고 두부 혼합물의 절반을 얹습니다.

h) 면 4 개를 얹고 호박 혼합물을 얹은 다음 남은 콩 혼합물을 얹고 나머지 면을 얹습니다.

i) 남은 두부 혼합물을 면 위에 펴 바르고, 나머지 호박 혼합물을 팬 가장자리까지 펴 바릅니다.

j) 호일로 덮고 뜨겁고 거품이 날 때까지 약 50 분 동안 굽습니다. 뚜껑을 열고 호박씨를 뿌리고 서빙하기 10 분 전에 그대로 둡니다.

92. 관속채운마끈

4 인분을 만든다

재료:

- 12 매니코티
- 올리브 오일 3 큰술
- 1 작은 양파, 다진 것
- 중간 크기의 근대 1 묶음, 거친 줄기를 다듬고 다진 것
- 1 파운드의 단단한 두부, 물기를 제거하고 으깬 것
- 소금과 갓 같은 후추
- 생 캐슈 1 컵
- 무가당 두유 3 컵
- 1 육두구 /8 작은술
- 1/8 작은술 간 카이엔
- 양념을 하지 않은 마른 빵가루 1 컵

지도:

a) 오븐을 350°F 로 예열하십시오. 9 x 13 인치 베이킹 접시에 기름을 살짝 바르고 따로 보관합니다.

b) 끓는 소금물이 담긴 냄비에 매니코티를 중불에서 약 8 분 동안 알덴테가 될 때까지 가끔 저어 요리합니다. 잘 배수하고 찬물에서 실행하십시오. 따로.

c) 큰 프라이팬에 기름 1 큰술을 중불로 가열합니다. 양파를 넣고 뚜껑을 덮고 부드러워질 때까지 약 5분 동안 요리합니다.

d) Chard 를 넣고 뚜껑을 덮고 Chard 가 부드러워질 때까지 약 10분 동안 가끔 저어가며 요리합니다.

e) 불을 끄고 두부를 넣고 잘 섞이도록 저어줍니다. 기호에 따라 소금과 후추로 잘 간을 하고 따로 보관합니다.

f) 블렌더나 푸드 프로세서에 캐슈넛을 갈아서 가루로 만든다. 두유 1 1/2 컵, 육두구, 카이엔, 소금을 기호에 맞게 추가합니다. 부드러워질 때까지 혼합합니다.

g) 나머지 두유 1 1/2 컵을 넣고 크림색이 될 때까지 섞습니다. 맛을 보고 필요한 경우 조미료를 조정합니다.

h) 준비된 베이킹 접시의 바닥에 소스 층을 바르십시오. 마니코티 속을 채운 근대 1/3 컵 정도를 포장합니다. 속을 채운 마니코티를 베이킹 접시에 한 겹으로 배열합니다. 마니코티 위에 남은 소스를 붓습니다.

i) 작은 그릇에 빵가루와 나머지 오일 2 큰술을 넣고 마니코티 위에 뿌립니다.

j) 호일로 덮고 뜨겁고 거품이 날 때까지 약 30 분간 굽습니다. 즉시 봉사하십시오.

93. 시금치 마니코티

4 인분을 만든다

재료:

- 12 매니코티
- 올리브 오일 1 큰술
- 잘게 썬 중간 크기 샬롯 2 개
- 냉동 다진 시금치 2 개(10 온스) 포장, 해동
- 1 파운드의 매우 단단한 두부, 물기를 빼고 으깬 것
- 1/4 작은술 갈은 육두구
- 소금과 갓 갈은 후추
- 구운 호두 조각 1 컵
- 물기를 제거하고 으깬 부드러운 두부 1 컵
- 1/4 컵 영양 효모
- 무가당 두유 2 컵
- 마른 빵가루 1 컵

지도:

a) 오븐을 350°F 로 예열하십시오.
b) 9 x 13 인치 베이킹 접시에 기름을 살짝 바르십시오.

c) 끓는 소금물이 있는 냄비에 마니코티를 중불에서 약 10 분 동안 알덴테가 될 때까지 가끔 저어가며 요리합니다. 잘 배수하고 찬물에서 실행하십시오. 따로.

d) 큰 프라이팬에 기름을 중불로 가열합니다. 샬롯을 넣고 부드러워질 때까지 약 5 분 동안 요리합니다. 가능한 한 많은 액체를 제거하고 샬롯에 추가하기 위해 시금치를 짜십시오.

e) 취향에 따라 육두구와 소금, 후추로 간을 하고 풍미가 섞일 수 있도록 저어주면서 5 분간 요리합니다. 아주 단단한 두부를 넣고 잘 섞이도록 저어줍니다. 따로.

f) 푸드 프로세서에서 호두를 곱게 갈아줍니다. 순두부, 영양효모, 두유, 소금, 후추를 기호에 맞게 넣어주세요. 부드러워질 때까지 처리합니다.

g) 준비한 베이킹 접시 바닥에 호두 소스를 한 겹 깔아주세요. 마니코티에 속을 채웁니다.

h) 속을 채운 마니코티를 베이킹 접시에 한 겹으로 배열합니다. 그 위에 남은 소스를 뿌린다. 호일로 덮고 뜨거울 때까지 약 30 분간 굽습니다.

i) 뚜껑을 열고 빵가루를 뿌리고 10 분 더 구워서 윗면이 살짝 갈색이 되도록 굽는다. 즉시 봉사하십시오.

94. 라자냐롤

4 인분을 만든다

재료:

- 12 라자냐 국수
- 가볍게 포장된 신선한 시금치 4 컵
- 삶거나 통조림으로 만든 흰 콩 1 컵, 물기를 빼고 헹굽니다.
- 1 파운드의 단단한 두부, 물기를 빼고 가볍게 두드려 건조
- 1/2 작은술 소금
- 1 갓 간 후추 /4 작은술
- 1 육두구 /8 작은술
- 홈메이드 마리나라 소스 3 컵

지도:

a) 오븐을 350°F 로 예열하십시오. 끓는 소금물에 국수를 약 7 분 정도 알덴테가 될 때까지 가끔 저으면서 중불에서 요리합니다.

b) 전자레인지용 접시에 시금치를 물 1 큰술과 함께 넣습니다. 뚜껑을 덮고 시들 때까지 전자레인지에 1 분간 돌립니다. 그릇에서 꺼내고 남은 액체를 짜내십시오.

c) 시금치를 푸드 프로세서에 옮기고 맥박을 쳐서 잘게 썬다. 콩, 두부, 소금, 후추를 넣고 잘 섞일 때까지 처리합니다. 따로,

d) 바람개비를 조립하려면 평평한 작업 표면에 국수를 놓습니다. 두부·시금치 혼합물을 각 면의 표면에 약 3 큰술 정도 펴 바르고 말아주세요. 나머지 재료로 반복합니다.

e) 얕은 캐서롤 접시의 바닥에 토마토 소스 층을 펼치십시오.

f) 소스 위에 롤을 똑바로 놓고 각 바람개비에 남은 소스의 일부를 숟가락으로 떠 올리십시오. 호일로 덮고 30 분간 굽는다. 즉시 봉사하십시오.

95. 연류를 결들인 호박라돌리

4 인분을 만든다

재료:

- 통조림 호박 퓌레 1 컵
- 1/2 컵의 아주 단단한 두부, 물기를 잘 제거하고 으깬 것
- 다진 신선한 파슬리 2 큰술
- 판치 그라운드 육두구
- 소금과 갓 같은 후추
- 1 계란 없는 파스타 반죽
- 중간 크기의 샬롯 2 개 또는 3 개, 세로로 반으로 자르고 1/4 인치 조각으로 자릅니다.
- 냉동 아기 완두콩 1 컵, 해동

지도:

a) 종이 타월을 사용하여 호박과 두부의 과도한 액체를 닦아낸 다음 푸드 프로세서에 영양 효모, 파슬리, 육두구, 소금과 후추를 넣고 섞어 맛을 냅니다. 따로.

b) 라비올리를 만들려면 밀가루를 살짝 뿌린 표면에 파스타 반죽을 얇게 펴십시오. 반죽을 잘라

c) 2 인치 너비의 스트립 상단에서 약 1 인치 떨어진 1 개의 파스타 스트립에 1 티스푼의 속을 채우십시오.

d) 첫 번째 충전물 한 스푼 아래 약 1 인치 지점에 파스타 스트립에 충전물을 한 스푼 더 넣습니다. 반죽 스트립의 전체 길이를 따라 반복합니다.

e) 반죽의 가장자리를 물에 살짝 적시고 첫 번째 파스타 위에 두 번째 파스타 조각을 올려서 속을 덮습니다.

f) 채우는 부분 사이에 반죽의 두 층을 함께 누릅니다.

g) 칼을 사용하여 반죽의 측면을 다듬어 일직선이 되도록 한 다음, 각 덩어리 사이의 반죽을 가로질러 잘라 사각 라비올리를 만듭니다.

h) 라비올리를 밀가루를 뿌린 접시에 옮기고 남은 반죽과 소스로 반복합니다. 따로.

i) 큰 프라이팬에 기름을 중불로 가열합니다. 샬롯을 추가하고 샬롯이 짙은 황금빛 갈색이 되지만 타지 않을 때까지 약 15 분 동안 가끔 저으면서 요리합니다. 완두콩을 넣고 소금과 후추로 기호에 따라 간을 합니다. 매우 낮은 열로 따뜻하게 유지하십시오.

j) 끓는 소금물이 담긴 큰 냄비에 라비올리가 위로 떠오를 때까지 약 5 분 동안 요리합니다. 잘 배수하고 샬롯과 완두콩과 함께 팬에 옮깁니다.

k) 맛이 섞일 수 있도록 1~2 분 동안 요리한 다음 큰 그릇에 옮깁니다. 많은 후추로 간을 하고 즉시 제공하십시오.

96. 아뇰로 추래필리

4 인분을 만든다

재료:

- 1/3 컵과 올리브 오일 2 테이블스푼
- 다진 마늘 3 쪽
- 냉동 시금치 1 개(10 온스) 포장, 해동 및 압착 건조
- 해동 및 다진 냉동 아티초크 하트 1 컵
- 1/3 컵의 단단한 두부, 물기를 제거하고 으깬 것
- 구운 호두 조각 1 컵
- 1 단단히 포장된 신선한 파슬리 /4 컵
- 소금과 갓 갈은 후추
- 1 계란 없는 파스타 반죽
- 12 신선한 세이지 잎

지도:

a) 큰 프라이팬에 기름 2 큰술을 중불로 가열합니다. 마늘, 시금치, 아티초크 하트를 추가합니다.

b) 뚜껑을 덮고 마늘이 부드러워지고 액체가 흡수될 때까지 약 3 분 동안 가끔 저으면서 요리합니다.

c) 혼합물을 푸드 프로세서로 옮깁니다. 두부, 호두 1/4 컵, 파슬리, 소금과 후추를 기호에 맞게 추가합니다. 다지고 완전히 혼합될 때까지 처리합니다.

d) 식히기 위해 따로 보관하십시오.

e) 라비올리를 만들려면 밀가루를 살짝 뿌린 표면에 반죽을 아주 얇게 펴고 (약 1/8 인치) 2 인치 너비의 스트립으로 자릅니다.

f) 위에서 약 1 인치 떨어진 파스타 스트립 위에 1 티스푼의 속을 채우십시오.

g) 첫 번째 충전물 한 스푼 아래 약 1 인치의 파스타 스트립에 충전물을 한 스푼 더 넣습니다. 반죽 스트립의 전체 길이를 따라 반복합니다.

h) 반죽의 가장자리를 물에 살짝 적시고 첫 번째 파스타 위에 두 번째 파스타 조각을 올려서 속을 덮습니다.

i) 채우는 부분 사이에 반죽의 두 층을 함께 누릅니다. 칼을 사용하여 반죽의 측면을 다듬어 일직선이 되도록 한 다음, 각각의 충전물 사이에 있는 반죽을 가로질러 잘라 사각 라비올리를 만드세요.

j) 라비올리를 밀가루를 뿌린 접시에 옮기고 남은 반죽과 속을 채우는 과정을 반복합니다.

k) 끓는 소금물에 라비올리가 위로 떠오를 때까지 약 7 분간 삶습니다. 물기를 잘 빼서 따로 둡니다. 큰 프라이팬에 나머지 1/3 컵의 기름을 중간 불로 가열합니다.

l) 세이지와 나머지 호두 $\frac{3}{4}$ 컵을 넣고 세이지가 바삭해지고 호두의 향이 날 때까지 끓입니다.

m) 삶은 라비올리를 넣고 부드럽게 저으면서 소스를 코팅하고 가열합니다. 즉시 봉사하십시오.

97. 오렌지 소스를 곁들인 토텔리니

4 인분을 만든다

재료:

- 올리브 오일 1 큰술
- 잘게 다진 마늘 3 쪽
- 1 컵의 단단한 두부, 물기를 제거하고 으깬 것
- 다진 신선한 파슬리 $\frac{3}{4}$ 컵
- 1 비건 파마산 치즈 $/4$ 컵 또는 파르마시오
- 소금과 갓 같은 후추
- 1 계란 없는 파스타 반죽
- 마리나라 소스 2 1/2 컵
- 오렌지 1 개
- 1 다진 고추 $/2$ 작은술
- 1/2 컵의 소이 크리머 또는 무가당 두유

지도:

a) 큰 프라이팬에 기름을 중불로 가열합니다. 마늘을 넣고 부드러워질 때까지 약 1 분간 끓입니다. 두부, 파슬리, 파마산 치즈, 소금과 후추를 기호에 따라 섞어주세요. 잘 섞일 때까지 섞는다. 식히기 위해 따로 보관하십시오.

b) 토르텔리니를 만들려면 반죽을 얇게 펴서 (약 1/8 인치) 2 1/2 인치 정사각형으로 자릅니다. 장소

c) 중심에서 1 티스푼의 스터핑을 하고 파스타 정사각형의 한쪽 모서리를 스터핑 위에 접어 삼각형을 만듭니다.

d) 가장자리를 함께 눌러 봉인한 다음 검지 주위로 삼각형을 중심점을 아래로 감싸고 끝을 함께 눌러 붙습니다. 삼각형의 점을 아래로 접고 손가락에서 밉니다.

e) 가볍게 가루를 뿌린 접시에 따로 놓고 나머지 반죽과 속을 계속하십시오.

f) 큰 냄비에 마리나라 소스, 오렌지 제스트, 으깬 고추를 넣고 섞습니다. 뜨거울 때까지 가열한 다음 소이 크리머를 넣고 아주 약한 불로 따뜻하게 유지합니다.

g) 끓는 소금물에 토르텔리니가 위로 떠오를 때까지 약 5 분 동안 요리합니다.

h) 물기를 잘 빼고 큰 그릇에 옮깁니다. 소스를 넣고 부드럽게 섞이도록 버무린다. 즉시 봉사하십시오.

98. 누들 절임채로멘

4 인분을 만든다

재료:

- 12 온스 링귀니
- 볶은 참기름 1 큰술
- 간장 3 큰술
- 드라이 셰리 2 큰술
- 물 1 큰술
- 꼬집음 설탕
- 옥수수 전분 1 큰술
- 카놀라유 또는 포도씨유 2 큰술
- 물기를 빼고 깍둑썰기한 아주 단단한 두부 1 파운드
- 중간 크기의 양파 1 개, 반으로 자르고 얇게 썬 것
- 작은 브로콜리 작은 꽃 3 컵
- 중간 크기 당근 1 개, 1/4 인치 조각으로 자른 것
- 얇게 썬 신선한 표고버섯 또는 흰 버섯 1 컵
- 다진 마늘 2 쪽
- 다진 신선한 생강 2 작은술
- 다진 파 2 개

지도:

a) 끓는 소금물이 담긴 큰 냄비에 링귀니를 가끔 저으면서 부드러워질 때까지 약 10 분 동안 요리합니다. 잘게 부수고 그릇에 옮겨 담는다. 참기름 1 작은술을 넣고 버무려줍니다. 따로.

b) 작은 그릇에 간장, 셰리주, 물, 설탕, 나머지 참기름 2 작은술을 넣고 섞습니다. 옥수수 전분을 넣고 저어 녹입니다. 따로.

c) 큰 프라이팬이나 웍에 카놀라유 1 테이블스푼을 중불로 가열합니다. 두부를 넣고 황금빛 갈색이 될 때까지 약 10 분간 끓입니다. 프라이팬에서 꺼내 따로 둡니다.

d) 같은 프라이팬에 남은 카놀라유를 다시 데우십시오. 양파, 브로콜리, 당근을 넣고 부드러워질 때까지 약 7 분간 볶습니다. 버섯, 마늘, 생강, 파를 넣고 2 분간 볶는다.

e) 소스와 삶은 링귀니를 넣고 잘 섞이도록 저어주세요.

f) 가열될 때까지 요리하십시오. 맛을 보고 조미료를 조절하고 필요한 경우 간장을 더 추가합니다. 즉시 봉사하십시오.

99. 팟타이

4 인분을 만든다

재료:

- 12 온스 말린 쌀국수
- 간장 $1/3$ 컵
- 신선한 라임 주스 2 큰술
- 밝은 갈색 설탕 2 큰술
- 타마린드 페이스트 1 큰술
- 토마토 페이스트 1 큰술
- 물 3 큰술
- 다진 고추 $1/2$ 작은술
- 카놀라유 또는 포도씨유 3 큰술
- 1 파운드의 매우 단단한 두부, 물기를 빼고 잘게 썬 것
- 다진 파 4 개
- 다진 마늘 2 쪽
- $1/3$ 컵 굵게 다진 건조 볶은 무염 땅콩
- 장식용 콩나물 1 컵
- 장식용으로 웨지 모양으로 자른 라임 1 개

지도:

a) 면의 두께에 따라 5 분에서 15 분 정도 부드러워질 때까지 뜨거운 물이 담긴 큰 그릇에 면을 담그십시오. 잘 헹구고 찬물에 헹굽니다.

b) 물기를 뺀 면을 큰 볼에 옮겨 담아 둡니다.

c) 작은 그릇에 간장, 라임 주스, 설탕, 타마린드 페이스트, 토마토 페이스트, 물, 다진 고추를 넣고 섞습니다. 잘 섞이도록 저어주고 따로 보관합니다.

d) 큰 프라이팬이나 웍에 기름 2 테이블스푼을 중불로 가열합니다. 두부를 넣고 황금빛 갈색이 될 때까지 약 5 분간 볶습니다. 접시에 옮겨 담아 둡니다.

e) 같은 프라이팬이나 웍에서 나머지 1 테이블스푼의 오일을 중불로 가열합니다. 양파를 넣고 1 분간 볶는다.

f) 대파, 마늘을 넣고 30 초간 볶은 다음 삶은 두부를 넣고 가끔 저어가며 황금빛 갈색이 될 때까지 약 5 분간 끓인다. 삶아둔 면을 넣고 버무려 뭉근하게 끓여주세요.

g) 소스를 저어 요리하고 코팅이 될 때까지 버무린 다음 필요한 경우 달라붙는 것을 방지하기 위해 물을 한두 방울 더 추가합니다.

h) 면이 뜨거워지고 부드러워지면 접시에 담고 땅콩과 고수를 뿌립니다.

i) 접시 옆에 콩나물과 라임 조각으로 장식합니다. 뜨겁게 봉사하십시오.

100. 무를 곁들인 당근 스파게티

4 인분을 만든다

재료:

- 스파게티 12 온스
- 간장 3 큰술
- 채식 굴 소스 1 큰술
- 밝은 갈색 설탕 1 작은술
- 8 온스의 매우 단단한 두부, 물기 제거
- 카놀라유 또는 포도씨유 2 큰술
- 얇게 썬 중간 크기의 붉은 양파 1 개
- 얇게 썬 중간 크기의 빨간 피망 1 개
- 손질한 완두콩 1 컵
- 다진 마늘 2 쪽
- 1 다진 고추 / 2 작은술
- 신선한 타이 바질 잎 1 컵

지도:

a) 끓는 소금물이 있는 냄비에 스파게티면을 중불에서 요리하고 알단테가 될 때까지 약 8 분간 가끔 저어줍니다. 물기를 잘 빼서 큰 그릇에 옮깁니다.

b) 작은 볼에 간장, 굴소스(있는 경우), 설탕을 넣고 섞는다. 잘 섞은 다음 예약해둔 스파게티면에 붓고 골고루 버무립니다. 따로.

c) 두부를 1/2 인치 스트립으로 자릅니다. 큰 프라이팬이나 웍에 기름 1 큰술을 중불에서 가열합니다.

d) 두부를 넣고 황금색이 될 때까지 약 5 분간 요리합니다. 프라이팬에서 꺼내 따로 둡니다.

e) 프라이팬을 다시 불에 올리고 남은 카놀라유 1 큰술을 넣습니다.

f) 양파, 피망, 눈 완두콩, 마늘, 다진 붉은 고추를 넣으십시오. 야채가 부드러워질 때까지 약 5 분간 볶습니다.

g) 삶은 스파게티면과 소스 혼합물, 삶은 두부, 바질을 넣고 뜨거워질 때까지 약 4 분간 볶는다.

결론

콩의 건강상의 이점은 광범위합니다. 글루텐이 없고 칼로리가 낮습니다. 그것은 "나쁜" 콜레스테롤을 낮출 수 있으며 식물성 에스트로겐과 같은 이소플라본도 함유하고 있습니다. 이소플라본은 에스트로겐 작용제 또는 에스트로겐 길항제 특성을 모두 가질 수 있습니다. 이들은 일부 암, 심장병 및 골다공증을 예방하는 데 도움이 될 수 있습니다.

www.ingramcontent.com/pod-product-compliance
Lightning Source LLC
Chambersburg PA
CBHW070509120526
44590CB00013B/792